AF542177

LE PRÊTRE ET LA DANSEUSE.

roman de mœurs.

Tome Quatrième.

Lecointe et Pougin, quai des Augustins ;
Corbet, même quai ;
Lachapelle, rue Saint-Jacques ;
Pigoreau, place Saint-Germain-l'Auxerrois
Thoisnier-Desplaces, place de l'Abbaye ;
Masson et Yonnet, rue Hautefeuille ;
Olivier, rue Saint-André-des-Arts.

1833

LE PRETRE
ET LA
DANSEUSE.

IMPRIMERIE DE A. BARBIER.
rue des Marais-Saint-Germain, n. 17.

LE PRÊTRE

ET LA

DANSEUSE.

roman de mœurs.

Tome Quatrième.

2e édition.

Lecointe et Pougin, quai des Augustins;
Corbet, même quai;
Lachapelle, rue Saint-Jacques;
Pigoreau, place Saint-Germain-l'Auxerrois;
Thoinier-Desplaces, place de l'Abbaye;
Masson et Yonnet, rue Hautefeuille;
Olivier, rue Saint-André-des-Arts.

1833

LE PRÊTRE

ET LA

DANSEUSE.

I.

Annette ne sait que penser : l'effroi, la crainte s'empare d'elle à l'idée que peut-être elle est la dupe et la proie d'un suborneur. Mais où l'aurait-il connu? quel est-il? où est-il? Serait-ce lui qui dans l'instant á osé souiller ses lèvres d'une impure caresse? Annette se perd dans ses conjectures; elle pleure, gémi. La chambre vient d'être parcourue par elle.... la porte est fermée.... aucun moyen de fuite ni de salut. Redoutant le retour d'Ignace, elle traîne avec effort les meubles les plus lourds devant la porte, les amoncele; enfin, se fait un rempart contre toute surprise; ensuite, accablée de fatigue et de lassitude elle tombe sur le lit anéantie par la douleur et l'inquiétude. . . . .

Une chaise de poste venait d'entrer dans la cour de la maison de campagne de M. Darmentier, Patou accourut au plus vite, se hâta d'entr'ouvrir la portière, et de saluer le neveu de son maître qu'il aida à mettre pied à terre.

— Patou, où donc est tout le monde ? j'arrive et personne ne vient à ma rencontre, ne descend auprès de moi.

— Dam ! monsieur Gustave, vous voyez ben que si, pisque me v'là.

— Je te vois mon garçon, mais tu ne composes pas à toi seul tous les habitans de cette maison?

— Dam! si, notre maître.

—Comment, que veux-tu dire? où

est donc madame Léontine, Duroseau, ta femme?

—Oh! dam, tout ça, y a au moins trois semaines, un mois, que ça a changé de demeure; y sont tous à faire de fameuses parties dans un châtiau voisin d'ici.

— Que me comptes-tu là?

— Dam, not maître, la vérité, d'puis que madame a eu le malheur de tomber de cheval et que c't'accident a rendue sa taille moins rondelette, elle, c'te baronne de votre fabrique, M. Duroseau et not' femme ont tous pris racine dans le châtiau de monsieur Willams, un anglais, qui demeuront à une lieue. Depuis c'tems, ils y font des noces, des parties, des bombances à n'en plus finir, j'avons la permission d'y aller queuquefois, oh ! j'nous amusont fièrement.

— Ah ! ah ! il paraît qu'on s'en donne pendant mon absence. Rends-toi de suite chez cet anglais, et préviens Duroseau de mon arrivée et que je l'attends.

— Ce n'est pas la peine notre maître, car j'entendons le bruit de la voiture qui l'amenons ici.

En effet, une brillante calèche, attelée de deux superbes chevaux anglais, entra presque au même instant ; Duroseau, qui occupait l'intérieur, poussa un cri de surprise en apercevant Gustave.

— Enfin, vous voilà donc, vous m'avouerez, mon cher, que vous vous faites cruellement désirer : c'est indigne de laisser ainsi ses amis dans l'inquiétude.

— Mais, répond Gustave, il paraît que votre inquiétude ne vous empêche pas de mener la vie gaiement d'après ce que j'apprends.

— Cela ne va pas mal à la vérité; heureusement, car, mon cher, si nous eussions continué la vie que nous menions lors de votre premier voyage, nous serions morts d'ennui, il y avait de quoi attraper le spleen; mais, grâce à mon nouvel ami Willams, baronnet anglais d'une fortune immense, nous passons des jours de délices : la chasse, la pêche, les courses de chevaux, les concerts, les bals et principalement un table abondante, des vins excellents; de plus, une société de jeunes gens à la mode, jeunes fous remplis de pétulance, d'esprit, d'amabilité....

— C'est bien! assez, assez, mais Léontine, que fait-elle? pourquoi après son entier rétablissement n'est-elle pas comme elle me le marquait dans sa dernière lettre, revenue habiter ici; à quoi passe-t-elle son tems chez cet Anglais?

— Parbleu! comme tout le monde, elle rit, danse, joue des proverbes avec le baronnet, la baronne et moi; pourrez-vous la blâmer après l'abandon dans lequel vous la laissez, car enfin, avez-vous daigné lui répondre lorsqu'elle vous annonça sa chute et la naissance de son enfant. Voilà six semaines que nous n'avons entendu parler de vous : la petite s'aperçoit de votre indifférence et s'en console avec d'aimables consolateurs. Mon cher, quand nous négligeons notre maîtresse ou notre femme, d'autres sont toujours là, tout prêt à les venger de notre abandon.

Gustave paraissait agité et parcourait la chambre à grands pas en écoutant Duroseau, puis s'approchant de lui en entendant ses dernières paroles.

— Ignorez-vous, lui dit-il avec colère, que je ne puis disposer de moi que sans cesse; j'ai, comme militaire, des devoirs à remplir?

— Oui, reprend Duroseau avec ironie, et des maîtresses à contenter; ensuite, vous ne me ferez pas accroire que vos mains sont tellement occupées au service du roi, qu'elles n'aient pas le tems de tracer quelques lignes. Tenez, Gustave, je vous avouerai que je suis loin d'être content de vous, vous m'avez fait faire des sottises dont je serais la dupe; premièrement, celle d'avoir donné la main à tromper cette petite Léontine, que vous n'épouserez jamais: secondement, d'avoir entièrement contribué à sa perte en vous aidant, afin de cacher sa grossesse, à l'enlever de chez ma sœur; et de plus de me brouiller avec Délia lorsqu'elle ne manquera pas d'apprendre ces gentillesses de ma part ; ensuite, pour récompense de mes services, vous me faites faire connaissance avec une baronne que je ne puis définir, une femme qui sous prétexte d'un frère brutal n'ose pas recevoir chez elle l'homme qu'elle veut bien accepter pour époux, une femme qui m'éloigne sans cesse de ses propriétés dans la crainte d'être aperçue avec moi, et qui ne respectant ni sa naissance ni son rang, court les fêtes des villages, cause, danse, rit avec les paysans, me fait faire vingt lieues par jour et tourner sans cesse au choix de son caprice. Le seul avantage qu'elle possède jusqu'ici à mes yeux c'est d'être jolie, spirituelle, mais pour ce que je lui en veux, c'est de m'avoir rendu amoureux d'elle au point de ne pouvoir plus résister à ses volontés. Maintenant dites-moi, à votre tour comment finira tout ceci, que prétendez-vous faire de votre maîtresse? comptez-vous la casaner en cette maison tout le temps de sa jeunesse. Quant à moi, je compte, ainsi que le baronnet, suivre à Paris notre ami Williams dont le départ est fixé à la fin de ce mois.

Gustave, dont la colère n'avait fait qu'augmenter aux paroles et reproches de Duroseau, loin de lui répondre, fut s'enfermer dans une pièce de l'appartement et de laquelle il ne sortit qu'à l'arrivée de Léontine qu'il avait envoyé chercher par le concierge de la maison.

La jeune fille arriva dans un charmant tilbury, conduit par un petit groom en riche livrée, Gustave la vit descendre avec légèreté, et s'avancer vers le vestibule, l'entendit monter vivement l'escalier en fredonnant un air italien, et bientôt elle parut devant lui.

Léontine jeta en entrant sur un canapé le grand chapeau de paille dont sa tête était couverte, puis s'avançant d'un air délibéré vers Gustave:

— C'est heureux, dit-elle en souriant, très heureux, Monsieur, de recevoir de vous aujourd'hui votre deuxième visite en deux mois.

Gustave écoutait parler la jeune fille, ses yeux la suivait dans les allées et venues qu'elle faisait dans la chambre sans daigner à peine jeterles yeux sur lui.

Ce n'était plus cette jeune fille si timide, si tendre, accourant à lui à son approche et dont les lèvres amoureuses cherchaient les siennes pour les couvrir de baisers brûlans ; ses yeux n'exprimaient plus ce désir, cette volupté énivrante; ces bras si blancs, si beaux, ne formaient plus de chaîne amoureuse autour du cou de celui que son cœur adorait. Aujourd'hui, tout dans Léontine, ressent la coquetterie ; ses mouvemens sont plus libres, ses yeux vifs et pétillans sont sans cesse fixés dans les glaces, Léontine attend la réponse de Gustave, fredonne, arrange ses cheveux, ajuste sa toilette.

— Est-ce le chagrin de mon absence, Mademoiselle, qui a opéré le changement que je remarque en vous ; en tout cas je vous en félicite, car vous paraissez avoir atteint depuis que je ne vous ai vu, infiniment plus d'aplomb, de grâce et de gaité ; sans nul doute, le riche Anglais qui vous donna si à propos l'hospitalité doit être l'auteur de cette heureuse métamorphose.

Pour moi je me console
Et de tout je me ris,
Folle qui se désole
Pour l'amour d'un mari.

Léontine, en chantant ces paroles, continuait son ajustement et laissait Gustave dans l'attente d'une réponse.

— Enfin, daignerez-vous me répondre : votre coquetterie me fatigue à la fin, reprend-il d'un ton courroucé.

Alors Léontine s'arrête, le fixe d'un air sérieux, puis ouvrant un secrétaire en tire un agenda qu'elle remet à Gustave en lui disant avec fierté :

— Voilà ma réponse à vos reproches, à votre dernier voyage; vous avez oubliez ces tablettes que le hasard a fait tomber dans mes mains ; je les ai ouvertes, et vous les rends, je ne dois à l'avenir aucun compte de ma conduite à l'époux d'Amélie Dermance.

— Malheureuse! s'écrie Gustave,

en arrachant avec fureur l'agenda des mains de Léontine, qui vous avait permis d'ouvrir ce meuble !

— Mon amour pour vous, l'enfant que j'avais porté dans mon sein ; et je rends grâce à Dieu de ma curiosité : j'ai appris à connaître l'homme dont je croyais être aimé, celui pour qui j'ai tout perdu, qui m'a déshonorée, éloigné de lui, afin de me sacrifier à un autre, plus riche, noble, mais non plus aimant. Ah! votre conduite est infâme, mais je l'avais mérité. Moi aussi, j'ai sacrifié pour vous un ami sincère, vertueux, mon abandon fut l'œuvre de l'ingratitude, de l'ambition; ah! vous me faites bien payer ma faute. Mais en découvrant le secret qui vous éloignait de moi, en lisant sur ces tablettes qu'une autre que moi avait reçu vos infidèles sermens, ne croyez pas que long-tems j'ai pleuré votre perte, non, Monsieur, non, j'ai vu l'abîme dans lequel vous m'aviez plongé, j'ai senti que pour jamais l'estime des gens honnêtes m'était ravie, que désormais un repentir serait inutile, que vous m'aviez arraché à mes amis, à mes bienfaiteurs et que la honte devait être mon unique partage. Repoussée, de ceux qui m'aimaient, que j'aime, quel parti pouvais-je prendre? celui de m'étourdir, de surmonter mes remords : je me suis oublié, j'ai reçu les hommages d'un homme galant qui m'offrait sa fortune et son amour; oui, sa fortune, et je l'ai acceptée comme la seule chose utile pour couvrir, masquer le vice dans lequel vous m'avez éntraîné ; que me voulez-vous maintenant ? Pourquoi me demander près de vous ? je suis la maîtresse d'un autre, la fille déhontée qui veut désormais sans rougir compter ses amans, cumuler ses plaisirs. Me voilà, parlez.

Gustave ne se contient plus, il s'avance près de Léontine, lui prend la main qu'il serre avec force.

—Qui donc, lui dit-il, t'avait permis de disposer de ton cœur ? qui a pu te faire penser que je ne t'aimais plus. Oui, pour satisfaire les volontés, l'ambition d'un père, je me suis uni à une femme que je n'aime point, que je n'aimerai jamais, toi seul, indigne, possédais mon amour, toujours tu m'aurais été chère, et tu me trahis. Que t'importait le titre de mon épouse. Si, sans cesse près de toi, j'avais passé ma vie, mais ne crois pas, malgré tes infidélités, que je renonce à ta possession, dès ce moment tu vas me suivre, je t'éloigne de ces lieux, suis-moi.

— Vous suivre, reprend Léontine en faisant de vains efforts pour échapper des mains de Gustave, j'aimerais mieux mourir: laissez-moi ou j'appelle.

— Léontine, ne résiste pas, obéis ou je ne réponds pas de ma fureur.

C'est en vain que Gustave veut arracher Léontine de l'appartement, elle se débat, pousse des cris affreux, Gustave, furieux de sa résistance, la saisit par la chevelure, la traine sur le parquet et cherche vainement à étouffer ses cris.

— Mais la porte vient de s'ouvrir avec violence. Duroseau, la baronne, ainsi qu'un jeune homme inconnu paraissent, les deux hommes s'empressent d'arracher Léontine des mains de Gustave et la livrent à celles de la baronne, qui l'entraîne de suite hors la chambre ; tandis que Duroseau et son compagnon retiennent de force le furieux Gustave.

Léontine a monté en voiture et s'éloigne avec rapidité d'une maison où elle ne rentrera plus, laissant son premier amant exhaler ses transports et se débattre contre ceux qui le retiennent captifs; Gustave veut se battre et tirer vengeance de l'insulte qu'on lui fait, il crie, jure, tempête; pendant ce tems, l'inconnu s'est esquivé, peu soucieux de se battre pour une affaire qu'il connaît à peine, Duroseau resté seul avec Gustave, s'est placé sur un siége et reçoit avec impassibilité toutes les injures et menaces du jeune homme.

Une heure après, Gustave plus calme roulait sur la route de Paris et Duroseau vers le château de son nouvel ami le baronnet.

Là, se passait d'autres scènes, non de violence, de pleurs, mais de joie, de plaisirs. Duroseau, à son arrivée trouve la société répandue dans le parc se livrant à divers amusemens ; Léontine manque, mais elle est enfermée chez elle afin de se rétablir de la secousse qu'elle sort d'éprouver; la baronne manque de même que le jeune inconnu de tantôt, où sont ils? Duroseau, quoique peu content de sa baronne, ne peut vivre sans elle; il court : cherche, va, vient, enfin il la trouve, elle sortait d'un bois touffu, s'appuyant sur le bras de l'inconnut le teint, animé, les yeux battus, mais de loin elle et son cavalier ont aperçu Duroseau. Celui-ci sent naître en lui une teinte de jalousie; il veut essayer, croyant ne pas avoir été vu, d'entendre leur conversation et se glisse, à cet effet, dans un sentier qui borde l'avenue.

Ah! cette femme est vraiment divine! elle parle de lui, de sa bonté, de ses qualités physiques et morales, appelle de tous ses vœux l'instant qui les unira par un heureux mariage, enfin elle ne tarit point dans ses éloges.

Duroseau, au comble de l'attendrissement, prend le parti de rompre un panagéryque si flatteur et se présente devant les deux causeurs.

La baronne feint la surprise à sa vue, demande d'un air tant soit peu embarrassé s'il y a long-tems qu'il est près deux.

— Oui, femme adorable, s'écrie-t-il, oui, j'ai tout entendu, je comblerai vos vœux et les miens; oui un heureux hymen bientôt nous donnera l'un à l'autre.

Ici d'autres personnes vinrent interrompre Duroseau pour les prévenir qu'on n'attendait qu'eux pour se rendre à la fête du village de Courpalais, où l'on devait emporter de le dîner, et Duroseau était prié, en qualité de maître d'hôtel amateur, d'avoir l'œil à ce qu'il ne manquât rien.

Peu de tems après, par les ordres de Duroseau, une voiture se remplissait de tout ce qui est nécessaire pour un dîner champêtre; c'est-à-dire en ustensiles de table, puis en volaille, gibier, viandes froides, pâtisseries, fruits de toutes espèces, vins de toutes qualités, surtout du champagne.

Pendant que l'obligeant Duroseau s'occupait avec ardeur à ce que tout fût complet, la société avait pris le devant et laissé au gros garçon tou le mal de ces préparatifs de fête.

Quelques heures plus tard, la société entière, assise l'entrée et sous l'ombrage d'un bois touffu, se livrait au plaisir de la table. Parmi ces jeunes fous, ces éclats d'une bruyante joie, Léontine seule conserve un visage sérieux, c'est en vain que la baronne, placée près d'elle, la comble de soins, de galanteries, lui débite les mots les plus tendres, les plus flatteurs, et l'encourage à se livrer à la gaité, la jeune fille ne peut chasser les souvenirs qui excitent sa tristesse, et vaincre les pénibles émotions que sa violente rupture avec Gustave fait naître en son âme; non, les femmes ne renoncent point si facilement à leur premier amour, elles sentent mieux que l'homme, saisissent avec plus de passion; le tems, loin d'affaiblir leur véritable sentiment, ne fait que l'enraciner davantage, et lorsque, par l'inconstance naturelle ou par satiété, l'amour s'est éteint dans le sein de l'amant, c'est souvent le moment où la passion a atteint chez la femme le plus de force, le plus de violence : c'est alors que celui qu'elle aime lui porte le coup le plus affreux en la livrant à toutes les angoisses de l'abandon et du désespoir. Voilà assez ordinairement ce qui cause la perte d'une femme trompée dans ses premiers sentimens; les unes dans l'espoir d'un meilleur avenir, ouvrent encore leur cœur à l'amour, les autres le ferment à cette passion pour le remplir de coquetterie, de froids calculs d'ambition et de vengeance contre les hommes.

Léontine, en ce moment, donnait à Gustave les derniers souvenirs, laissait à la blessure que son cœur avait reçue le matin, le tems de se cicatriser et jurait de la fermer pour toujours à un sexe qu'elle regardait comme devant être désormais la victime de ses charmes et l'instrument de ses goûts frivoles.

Le bouchon du champagne avait été frapper la voûte de feuillage, et le nectar favori des poètes, des amans, enfin de tous ceux qui aiment ce qui est aimable, ayant été versé à grands flots, avait de sa fumée légère, étourdi le cerveau de chaque convive, la gaîté redouble, on court on se disperse, les uns, dans les bois ; les autres, dans la fête villagoise. Duroseau est resté seul à l'endroit du banquet, le champagne, la chaleur, un peu de fatigue ont contribué à le livrer au sommeil ; mais au bout d'une heure, il ouvre les yeux, se voit abandonné : ni amis, ni couverts n'anoncent le joyeux banquet qui vient de se terminer, les domestiques ont tout ramassé et sont retournés au château.

Duroseau se lève, et se dirige en murmurant vers les danses, dans l'espoir de rejoindre la baronne, et la baronne n'y est pas, un des convives, occupé à faire danser une jeune paysanne, le prévient que la dame de ses recherches a dirigé ses pas vers le bois ; Duroseau y court, s'enfonce dans les routes, fait vingt détours, appelle, rien, l'écho seul répond à sa voix; ses petites jambes sont tellement fatiguées qu'elles lui rentrent dans le corps, mais: rassemblant tout son courage, toute sa force, il en trouve encore assez pour rejoindre la fête. La premiere personne qu'il aperçoit est sa baronne dansant avec le jeune inconnu.

Pour le coup, Duroseau a le droit de prendre de l'humeur, il adresse à la dame quelques reproches: un petit soufflet bien tendre, le petit mot, méchant, prononcé d'un petit air calme, désarment Duroseau et le fait consentir malgré son extrême fatigue, à servir de danseur à la dame pour la prochaine contredanse. Comme celle-ci vient de se terminer la baronne quitte l'inconnu, prend le bras de son gros soupirant et l'entraîne se promener à l'écart.

Oh Dieu! quelle ivresse, un baiser, deux baisers troublent le silence qui environne les deux amans. Qui les a donnés? qui les a reçus? s'en douterait-on, eh bien! c'est madame la baronne, laquelle voulant arrêter un reproche sur les lèvres de Duroseau, vient d'y déposer cette double caresse : aussi Duroseau est-il en ce moment saisi d'un trouble délicieux et inconnu jusqu'alors à son être, surtout que la syrène l'entoure de ses bras. Ils s'asseyent sur le gazon, la nuit les couvre du voile du mystère, ils parlent bas, ils soupirent, soupirent encore.... puis du silence.... puis des baisers... Ils recommencent à pr ent à parler : mauvais sujet, dit la baronne en passant ses doigts dans la chevelure de Duroseau, et du ton le plus tendre, que venez-vous de faire? hélas! si vous alliez maintenant ne plus m'aimer, m'abandonner comme ce Gustave fait de Léontine, si j'allais être mère.

Eh bien! cher ange, quel mal quand cela serait, ne devons-nous pas être unis l'un à l'autre. — Oui, mais que ce moment est long et tarde à mes vœux; qui nous empêche donc de conclure de suite ?

— Chère baronne, calmez vos caintes, aussitôt notre retour à Paris, je compte hâter cette union désirée.

— Pourquoi pas de suite, à la

campagne, on est plus libre, moins importuné.

— Mais, votre frère, mon amour, que vous craignez tant, ne le saurait-il pas de suite, et puis où ferions-nous nos noces? au moins à Paris vous avez votre hôtel, j'ai mon chez moi ; partons de suite sans prévenir votre frère, et pendant qu'il s'amusera à poursuivre le gibier de ce pays, nous nous marierons à la ville, car enfin vous m'avouerez, chère baronne que pour une femme de votre âge, de votre rang, il est terrible de n'être pas plus libre que vous ne l'êtes et qu'à votre place beaucoup d'autres auraient préféré congédier un frère brutal que de ne pouvoir recevoir dans son domaine une personne qu'on choisit et accepte pour époux.

La baronne embarrassée de répondre à cette proposition, demanda le tems de réfléchir et fatiguée du tête-à-tête, entraîne Duroseau rejoindre la fête, alors c'était l'heure de son beau: les personnes des châteaux environnans ainsi que leurs sociétés, l'embellissaient de leurs présences au moment où Duroseau et la baronne allaient y faire leur entrée. Une vieille dame à la mine rébarbative, apercevant la baronne, quitte vivement la place qu'elle occupait et, s'approchant de la fiancée de Duroseau l'examine et la saisit par la robe au moment où la dame cherchait à l'éviter.

— Comment, mademoiselle, c'est vous, lui dit-elle d'un air courroucé, vous moquez-vous de moi d'en agir ainsi, a-t-on jamais vu une femme de chambre aussi impertinente que vous; quitter ma maison sous prétexte d'aller dans votre pays, et je vous trouve ici à faire la femme de bon ton : une misérable servante, une fille de rien, ne vous avisez jamais de remettre le pied à mon château car je vous en fais chasser avec ignominie.

Duroseau, stupéfait, ne sait s'il dort ou s'il est éveillé, Caroline, la fausse baronne, humiliée, rouge, les yeux baissés, n'ose répondre un seul mot à la femme qui l'humilie si cruellement devant son prétendu, ainsi que devant la foule rassemblée par les cris de la vieille et véritable baronne de Quimperlé.

— Mais, Madame, dit enfin Duroseau revenu de son étonnement, vous vous trompez, Madame n'est point votre chambrière, mais bien la baronne de Quimperlé; et il est très-malheureux qu'une personne de son rang ait quelque ressemblance avec une vile domestique : ainsi donc, faites vos excuses de votre méprise et laissez-nous en repos.

— Mes excuses! reprend la vieille baronne furieuse, et ne se contenant plus, mes excuses? à elle une vile servante qui ose salir mon nom et mon titre en se permettant de se l'approprier, dites plutôt que je la fasse renfermer pour sa vie, cette audacieuse ; et vous, Monsieur, qui êtes-vous, pour vous permettre de m'adresser la parole ? sans doute un valet, amant de cette fille, et qui lui a conseillé de s'échapper de chez moi?

—Un valet! insolente! reprend Duroseau, moi, un valet, moi noble descendant de Charles-le-Téméraire, et possesseur de vingt-cinq mille livres de rentes, moi un des plus riches propriétaires de la Bourgogne; si vous n'étiez une fe mme je vous ferais payer cher votre insolence, vieille folle!

La baronne, à ces mots, redouble ses injures; Duroseau lui riposte, mais reçoit au même moment un soufflet de la vieille, il ne se contient plus., et malgré le sexe veut restituer à la baronne l'affront qu'elle vint d'imprimer sur sa joue, les amis de la dame se jettent entre elle et lui. Le baronnet et ses jeunes amis tous témoins de la scène dont jusqu'ici ils n'avaient fait que rire, imitant par un mouvement spontané, celui des amis de la baronne, des injures on en vient aux coups; le tumulte est à son comble, les bancs, les tables, les tabourets volent de toutes parts, les trois gendarmes qui composent la force militaire de Courpalais arrivent et se mêlent parmi les combattans; dans la bagarre, la baronne de Quimperlé est renversée le derrière dans une mare d'eau; et Caroline profite du désordre pour s'esquiver et retourner au château du baronnet.

Le jeune homme inconnu, pour qui une jolie femme est toujours noble, lui a servi de cavalier. Duroseau dans le feu du combat réfléchit aux suites de cette affaire et craignant l'incarcération se retire de la bagarre et prend le même chemin que Caroline. Le baronnet et ses amis en font de même et laissent leurs alliés continuer le combat et s'en retirer comme ils pourront avec les amis de la baronne ainsi que les autorités du village de Courpalais.

II.

— Comment te voilà, mon cher Edmond, j'étais loin de penser lorsqu'on vint m'annoncer que quelqu'un me demandait, que c'était toi qui n'osait monter chez ton vieil ami, assieds-toi mon enfant et dis-moi quel heureux hasard me procure ta visite ce matin ?

—Hélas! Monsieur Bonnard, avez-vous oublié que ces lieux me rappellent de tristes souvenirs, que c'est dans cette demeure que Léontine oublia Edmond.

— Ah ! mon ami, interrompt le vieux prêtre, ne prononce plus ce nom devant moi, désormais il doit ne plus s'échapper de la bouche des gens vertueux, comme je m'efforce de le chasser de mon cœur; la malheureuse ! c'est elle qui empoisonne ma vieillesse.

— Pardon, mon ami, si je viens

réveiller en votre âme de pénibles souvenirs.

— Edmond, tu connais mon autre malheur, il me restait une fille, la plus douce, la plus vertueuse; tu as sans doute appris qu'elle était disparue.

— Oui, mon bon père, c'est avec douleur, avec effroi que j'en ai reçu la nouvelle de votre main; n'avez-vous jusqu'ici obtenu aucun renseignement sur elle! car enfin, Annette n'a pu s'éloigner de sa volonté, il faut que la violence l'ait entraînée et que la force la retienne loin de vous, loin de Dermance, de tout ce qu'elle aime enfin, avez-vous l'espoir de découvrir l'endroit qui la recelle?

—Jusqu'ici nous avons vainement employé tous les moyens, Madame Duroseau ne cesse de faire des démarches utiles, son père enfin, puisque le portrait de leur mère trouvé chez Madame Dermance et reconnu par M. Darmentier qui atteste que ces enfans sont les siens, au désespoir de perdre une seconde fois ce qui lui reste de plus cher au monde, il réclame en ce moment la protection des magistrats pour multiplier les recherches. Hier, le ministre a promis au frère de cet infortuné père de ne rien négliger pour faire retrouver ces jeune filles, hélas! que Dieu nous accorde la grâce de réussir ; Edmond mon ami, je sens que s'il arrivait le contraire que je ne survivrai point à la perte de mon Annette, il eut été si doux, si glorieux pour moi, de rendre à un père des enfans vertueux, purs de toutes les actions coupables une seule, j'en suis certain malgré son absence, serait digne de recevoir sans rougir les caresses de l'auteur de ses jours; mais l'autre, l'autre ah! comme elle est coupable, qu'est-elle devenue? hélas! Dieu lui pardonne et fasse dans son cœur rentrer le repentir et la vertu. Mais parlons de toi, mon ami, et dis-moi si tu es toujours satisfait de ton sort?

—Et comment ne le serais-je pas, quand tout semble se réunir pour mon bonheur, car vous saurez, mon ami, que non seulement je suis entièrement maître de la maison de banque de laquelle la générosité de M. Germont m'avait fait associé, mais encore qu'un bonheur plus grand doit demain couronner tous mes vœux; sachez, mon cher M. Bonnard, que demain je deviens l'heureux époux de mademoiselle Germont, de la belle Florentine.

— En vérité, mon ami, je te félicite sincèrement de ce mariage et de la rapidité avec laquelle tu as fait ton chemin; tant mieux, Edmond! enfin le sort s'est lassé de te persécuter et te récompense des peines que tu as éprouvées.

— Ah! il faut en rendre grâce aux bienfaisans amis que le hasard m'a donnés. Sans eux je végéterais encore; au moins, Edmond, l'amour t'a vengé d'une perfide en te donnant une épouse aimable et belle; dis-moi si M.

Germont te donne la main de sa fille, est-ce d'après ta demande ?

— Oh ! mon père aurai-je jamais pu y prétendre pourtant je vous avoue que j'osais aimer Florentine, cette fille si tendre, si candide, m'aimerait ainsi sans que je l'eusse mérité, sans que j'eusse rien fait pour un si grand bonheur ; et comment l'aurais-je pu ? Léontine occupait encore mon cœur malgré moi, à la fin, le tems en refermant ma blessure me fit remarquer dans Florentine, les sentimens d'amour que sans le vouloir j'avais fais naître dans son âme, ses soins, sa bonté, ses regards envers moi m'apprirent que j'en étais aimé. Ah! mon père, si vertueuse, si belle, je ne puis résister à partager, à ressentir la passion que j'avais allumé dans son sein ; bientôt je l'adorais, car la conduite de Léontine, sa fuite, avaient totalement arraché de mon cœur le reste d'amitié qui me faisait encore chérir son souvenir, je me livrais donc au doux bonheur d'adorer Florentine ; chaque jour, chaque instant, passés ensemble, augmentaient notre amour, hélas ! je ne réfléchissais pas que cette passion à laquelle je me livrais avec tant d'ivresse, était une faute bien grande, qu'en réduisant la fille de mon bienfaiteur que j'outrageais l'amitié, la reconnaissance, et lorsque cette idée vint me frapper, il n'étais plus tems, un amour brûlant nous dévorait, tous deux, la mort nous semblait préférable à une séparation et pourtant le devoir, l'honneur l'exigeaient; un jour

M. Germont me fit monter près de lui et m'annonça que pour se rendre au désir que je lui témoignais sans cesse de ne vouloir pas vivre dans une continuelle inaction, qu'il venait de déposer une forte somme chez un des premiers banquiers de Paris et que dès ce jour, je comptais comme associé dans cette maison, que je devais m'y rendre, afin de me mettre au courant et à la tête des affaires ; vous jugez, mon respectable ami, quelle fut ma surprise et ma joie; je tombais à ses pieds, puis serrant sa main que j'arrosais de mes larmes, je cherchais, mais en vain, les expressions assez fortes pour lui peindré ma reconnaissance. Il me releva, me tendit ses bras en me nommant son fils. Son fils ! hélas ! étais-je digne de tant de bontés, d'une si rare générosité, moi qui trahissais sa confiance, qui séduisais sa fille, le bien le plus cher à son cœur. Enfin, revenu de l'émotion que je venais d'éprouver, j'écoutais les avis qu'il daignait me donner sur la marche que je devais suivre dans le nouvel état que j'allais embrasser, et sur la prudence que je devais déployer afin d'éviter toute perte, je le remerciai mille fois de ses bons avis, le suppliai de me les réitérer souvent; afin d'être à même en suivant ses conseils, de ne point compromettre la somme qu'il daignait me confier; vous confier reprend-il en m'interrompant, non, mon ami, je ne vous confie rien cet argent est à vous, c'est la dot de votre épouse, de ma Florentine.

— Que dites-vous, Monsieur,

m'écriai-je hors de moi, ai-je bien entendu ; quoi ! Florentine, mon épouse. Ah ! de grâce, répétez, non, je ne puis croire à cet excès de bonheur. Qu'ai-je donc fait moi, homme obscur, qui dois tout à votre bienfaisance, pour mériter d'obtenir de vous ce qui vous est le plus cher au monde et auquel je me serais fait un crime d'oser prétendre,

— Oui, mon ami, reprend-il avec bonté, oui, je te donne ma fille; puis-je mieux assurer son avenir et son bonheur? depuis long-tems j'ai découvert vos sentimens; je sais qu'elle t'aimait avant que ton amour payât le sien de retour, je sais combien elle t'est chère maintenant, sois donc son époux et le fils de mes vieux jours. Ah! mon ami, vous peindre mon délire en recevant de M. Germont cette douce assurance, serait au-dessus de mes forces, surtout lorsqu'au même instant je vis paraître Florentine, je me jetais à ses pieds, je couvrais sa main des plus brûlans baisers, lui donnais les noms d'épouse d'amante chérie, son père nous regardait, jouissait de notre bonheur, et souriant à la rougeur dont les traits charmans de Florentine s'étaient empreints en me voyant exhaler mon transport en présence de l'auteur de ses jours. Peu s'en fallut que nous n'expirâmes de joie et d'amour lorsque M. Germont fixa notre mariage au jour heureux que doit éclairer le soleil de demain. C'est au château de M. Germont, à deux lieux de Paris, que notre union doit s'accomplir; et rien ne manquera pour moi dans ce moment fortuné si, vous, mon ami, mon père, vous daignez venir par votre caractère sacré bénir à l'autel le nœud qui va m'unir à Florentine.

— Oui! oui! s'écrie le vieux prêtre, c'est moi qui veux te marier, te bénir, mon Edmond, combien je rends grâce à Dieu de m'avoir conservé des jours pour être témoin de ce beau moment de ta vie, pour pouvoir unir ta main à celle d'une épouse vertueuse.

M. Bonnard, ainsi qu'Edmond, furent interrompus par l'arrivée de deux nouveaux personnages, qui n'étaient autres que M. Germont et sa fille, qui venaient visiter le vieux prêtre et joindre leurs invitations, leurs prièrse à celles d'Edmond, demander sa bénédiction que le bon vieillard leur donna, non sans répandre des larmes de joie et d'attendrissement.

En ce moment, Délia était dans son appartement; le nouveau coup que la disparition d'Annette avait porté à la santé de M. Bonnard, l'avait forcée de quitter la maison de madame Dermance pour rester chez elle, auprès du vieillard, et lui prodiguer ses soins généreux en cas d'indisposition plus grave.

M. Bonnard, ainsi que la famille Germont, se firent annoncer chez elle; Délia les reçut avec joie, félicita Edmond sur son hymen, sur le choix de sa charmante future et se rendit à leur invitation d'assister au mariage en y accompagnant M. Bonnard.

Dans la journée, le vieillard et Délia se rendirent tous deux chez M. Darmentier. Depuis la découverte de la naissance des jeunes filles, Délia avait eu souvent l'occasion d'accompagner M. Bonnard, mais avait renoncé à son dessein d'accuser Gustave devant son oncle comme ravisseur de Léontine; le jeune homme fortement contrarié en apprenant la liaison de Délia avec M. Darmentier avait continuellement évité de rencontrer cette dame chez son oncle. Cependant, tel était le désir de Délia, puisqu'après mille essais, elle n'avait pu y réussir, quoique Gustave et son épouse habitassent l'hôtel du colonel, et que le jeune homme fut devenu depuis quelque tems beaucoup moins rare dans ses visites chez son oncle ; sa tendresse pour ce dernier semblait s'être accrue subitement ; pourquoi ? parce que M. Darmentier, devenu père des deux enfans que tôt ou tard on espérait retrouver malgré leur absence, la succession n'était plus pour Gustave un patrimoine certain, il était devenu nécessaire de soigner celui duquel on espérait, en sus de la dot qu'on en avait reçu, une part dans le testament.

Gustave avait appris que Léontine était sa cousine, combien alors il regrettait que ce secret ne se fut découvert qu'après son mariage. Son mariage ! seul fruit de l'ambition, de la cupidité, pour lequel il avait sacrine sans égard, sans remords, la femme qu'il avait aimée le plus. Maintenant il est trop tard; le mal ne peut se réparer, il ne doit plus espérer rien de son oncle, si jamais il apprend qu'il fut le suborneur de sa fille, et qu'il l'abandonna pour en épouser une autre, une autre! dont il n'estima que l'argent et non la possession, une femme qu'il délaisse, qu'il oublie et dont il prodigue la fortune.

Gustave, ce jour de visite, se trouva par hasard chez son oncle à la même heure que M. Bonnard et la dame. A leur entrée au salon, le jeune homme se trouble, mais, se remettant aussitôt, il soutient avec aplomb les regards sévères de Délia. Enfin, après quelques instans d'une conversation générale, prétextant une affaire, il se leva et prit congé de la société, mais à peine avait - il franchi la première pièce, qu'il fut rejoint par Délia qui lui demanda impérativement un moment d'entretien, que Gustave n'osa lui refuser.

— Monsieur, je vous reçu chez moi comme ami de mon frère, et en qualité d'homme délicat, je vous accordais mon estime, ma confiance, mais hélas ! quel fut le prix dont vous payâtes mes procédés à votre égard; comment? par la plus noire trahison, en séduisant une jeune fille, que je m'étais plu de regarder comme mon enfant de laquelle l'innocence m'avait gagné le cœur, elle n'eut jamais cessé d'être vertueuse si j'avais mieux choisi les gens que j'admettais dans mon intimité et que vous n'eussiez jamais été de ce nombre.

Ici Gustave voulut interrompre Délia mais d'un geste elle lui imposa silence et continua en ces termes:

— Vous ne pouvez m'en imposer, Monsieur, ni me nier qu'après l'avoir séduite vous n'avez couronné votre œuvre qu'en l'enlevant de chez moi et mettant le comble à votre perfidie.

— Ah! Madame, s'écrie Gustave, pouvez-vous me soupçonner d'un tel crime.

— Oui, Monsieur, même je vous en accuse et vous redemande cette jeune fille, dites-moi en quel lieu vous l'avez conduite et sans doute ab ndonnée.

—Mais, Madame, reprend Gustave avec fierté, qui donc vous donne le droit de me parler ainsi et de m'accuser d'une chose dont rien ne prouve que je suis coupable.

—Qui, Monsieur? vous souvenez-vous de la nuit de ce bal, où je surpris votre conversation avec Léontine, renierez-vous cette lettre de votre main que l'imprudente oublia dans sa chambre le jour de son évasion.

Gustave en reconnaissant la lettre que lui montrait Délia, ne put s'empêcher de pâlir, cette lettre devenait une preuve convainquante de son intime liaison avec Léontine.

—Monsieur, reprit Délia après avoir reserré la lettre dans son sein, je pourrai, vous le voyez, vous perdre envers votre oncle? vous accuser devant lui d'avoir flétri, perdu sa fille; mais je me tairai à la condition que vous m'accorderez deux choses: la première de m'apprendre l'asyle de Léontine, ensuite de me rendre cette bague qui appartient à cette jeune fille, et cela à l'instant mêm

Gustave étant convaincu et sans nul moyen de réfuter les preuves que possédait Délia, prit le parti de la satisfaire il sortit de son doigt la bague que Léontine lui avait laissé prendre à Montmonrency et qu'il avait toujours porté depuis ce tems et la remit à Délia, ensuite lui avoua que a jeune fille, depuis son évasion habitait à Rozoy, en Brie, une maison appartenant à son oncle, ajoutant que depuis long-tems il avait cessé de la voir.

Instruite de ce qu'elle désirait connaître, elle se leva et quitta aussitôt Gustave.

Aussitôt que Délia eut quitté Gustave elle se rendit de suite chez elle, fit atteler ses chevaux, prévint monsieur Bonnard qu'une affaire sérieuse la forçait de faire un petit voyage et de s'absenter quelques jours, qu'elle ne ne pouvait le différer dans la crainte de laisser échapper la personne qu'elle allait rejoindre, et pria le vieillard de l'excuser auprès de Monsieur Germont et de ses enfans, si elle ne se rendait point à leur invitation, mais qu'une affaire urgente et indispensable la forçait de partir de suite.

Une heure après Délia roulait vers la ville de Rozoy dans l'espoir d'y rejoindre Léontine. Malheureusement, dans son impatience, et n'ayant pas calculé qu'elle se mettait tard en route, arriva-t-elle à dix heures du soir à Rozoy, tout dormait dans la paisible bicoque, Délia ne savait à qui s'adresser pour demander qu'on lui enseigna l maison de M. Darmentier; mais parvenu au milieu de la ville, son cocher arrêta la voiture devant l'auberge du Sauvage, seule maison dans laquelle on aperçut encore de la lumière.

Délia ordonne à son domestique

de frapper et de prévenir l'aubergiste de venir lui parler, ce qui fut dit fut fait; le maître de l'auberge le bonnet en main se rendit promptement à l'invitation de la dame, surtout d'une dame à équipage. Délia lui demanda une chambre pour la nuit et de suite un guide pour la conduire à la maison de campagne de M. Darmentier

L'aubergiste la prévint que personne, hors un concierge et sa femme, n'habitait cette maison en ce moment. Délia, tourmentée de la nouvelle, s'informa si depuis quelques mois une jeune dame n'était pas venu y demeurer. L'aubergiste répondit affirmativement, mais que la dame ainsi que le monsieur qui l'accompagnait après avoir changé de demeure et avoir habité quelque tems au château du baronnet Williams, avait quitté le pays pour retourner à Paris.

Délia pensa aussitôt que le monsieur dont on lui parlait n'était autre que Gustave; que celui-ci l'avait trompé en lui annonçant que Léontine était à Rozoy, lorsqu'il l'avait ramenée à Paris, où sans doute il la tenait cachée à tous les regards. Délia, mécontente, se croyant dupée, adressa plusieurs questions sur le monsieur qui accompagnait Léontine. L'aubergiste lui dépeignit en tout le physique de Duroseau, lorsqu'une servante de l'auberge qui tenait la lumière à la portière, dit à son maître qu'il se trompait : que la jeune dame était en effet parti, mais que le gros monsieur habitait encore au château.

Délia ne pouvait deviner quel était ce personnage, à cent lieues de se douter que ce fut son frère, qu'elle croyait fermement à sa terre de Bourgogne. Alors, n'osant se présenter à cette heure au château, elle se décida de demeurer à l'auberge le reste de la nuit, se promettant le lendemain de se rendre au château de bon matin afin de chercher à obtenir des renseignemens sur la jeune fille et connaître celui qu'on lui dépeignait et lui citait pour avoir été le chevalier de Léontine.

En effet, quelques jours après l'aventure de la fête du Courpalais, le baronnet, heureux possesseur de

Léontine, amant tendre et passionné, charmé de pouvoir montrer en tous lieux sa charmante conquête, avait proposé à sa belle de quitter la campagne et de retourner jouir des plaisirs de la capitale.

Léontine enchantée de quitter un pays qui ne lui retraçait que de tristes souvenirs, s'était de suite rendu à la proposition de son nouvel amant. Un élégant briska attelé de quatre chevaux de poste, précédée de deux piqueurs, ramena en moins de cinq heures les deux amans du séjour de la vie paisible dans le bruit, le fracas de la reine des villes.

Aussitôt à Paris, un magnifique appartement reçut la jeune maîtresse du baronnet. Le lendemain, un somptueux équipage fut à ses ordres, les étoffes précieuses, les cachemires, les diamans couvrirent les meubles et la toilette de Léontine. Les promenades, les spectacles, les bals se succédèrent avec rapidité, et au sein du luxe et des plaisirs, la jeune ouvrière oublia son origine, sa première faute, les bienfaiteurs et les amis de son enfance.

III.

—•—•—•

Le soleil commençait à répandre sur la nature une teinte dorée ; les oiseaux par leurs chants mélodieux célébraient le lever de l'astre lumineux, les zéphirs enlevaient aux fleurs leur parfum suave et délicieux. Le papillon, aux aîles diaprées, voltigeait sur les roses; tout enfin annonçait dans la nature l'aurore d'un beau jour, lorsque Délia qui n'avait pu fermer l'œil de la nuit quitta son lit et se prépara à se mettre en route vers le château du baronnet.

N'ayant qu'une lieue à franchir, elle partit à pied suivi d'un domestique. Arrivée au château, elle demanda à parler au baronnet. La réponse que lui fît le concierge confirma ce que lui avait dit la servante de l'auberge. Mylord est à Paris depuis quinze jours; il ne reste en effet au château que M. Duroseau et Madame Caroline; à ce nom de Duroseau, Délia recula de surprise, se le fit répéter et de plus dépeindre la personne qui portait ce nom, elle ne put plus douter à la peinture du personnage que ce ne fut son frère et entrevit de même qu'il devait être complice de Gustave ; cette pensée l'affligea fortement et ce fut en vain qu'elle chercha à retenir une larme de dépit qui s'échappa de ses yeux.

Délia dit au concierge qu'elle souhaitait parler à cette personne. Mais cet homme lui apprit que M. Duroseau et madame Caroline étaient partis de la veille pour assister à une noce qui se faisait dans la journée à deux lieues de là et que sans doute ils ne seraient de retour que le lendemain.

Délia contrariée maudit son étoile qui la faisait sans cesse arriver trop tard, n'importe elle veut voir son frère, dut-elle courir après lui jusqu'au bout du monde. Aussitôt elle dépêcha son domestique à la ville avec l'ordre de lui amener de suite sa voiture afin de se rendre chez le fermier à la noce duquel Duroseau était allé se divertir.

Mais pendant que Délia franchit ce trajet sachons comment il se fait qu'après l'algarade de Courpalais et l'affront qu'avait essuyée la fausse baronne, Duroseau se trouve encore de compagnie avec elle. A son retour au château, après la fameuse bataille, Duroseau extrêmement mécontent de la mystification dont l'avait gratifiée Gustave en le compromettant avec une femme de chambre, avait, sans daigner entrer au salon, gagné son appartement et s'était mis au lit dans la ferme persuasion de partir le lendemain afin d'échapper aux railleries dont il pensait être la victime de la part des jeunes fous, amis du baronnet. Depuis long-tems il cherchait le sommeil qui fuyait sa paupière tant les horions dont il avait été gratifiés dans le combat le faisaient souffrir, lorsqu'un petit coup frappé à sa porte le fit sortir de l'assoupissement dans lequel il était plongé. A ce bruit inattendu, son premier sentiment fut ce lui de la crainte, minuit venait de sonner à l'horloge du château, qui peut venir frapper chez lui à cette heure lugubre?

Duroseau s'est enfoncé la tête sous

la couverture, un second coup parvient à son oreille, puis un troisième, mais ce dernier est accompagné de quelquesmots prononcés d'une voix douce et que Duroseau reconnaît pour celle de sa fausse baronne. Quel hasard l'amène près de lui en cet instant? est-ce l'amour? où le désir de se justifier? Duroseau hésite s'il ouvrira. Caroline afin de faire cesser son indécision le menace d'enfoncer la porte et de faire un esclandre s'il n'ouvre de suite; ces mots le décide et aussitôt après avoir ouvert, il court se remettre au lit; Caroline ferme la porte sur elle et vient s'asseoir sur le lit du cruel.

— Eh bien, Monsieur, lui dit-elle faut-il donc tant de façon pour vous faire recevoir une jolie femme en cachette ; j'ai vraiment cru que vous auriez l'humanité de me faire coucher sur le carré.

— En vérité, Madame, j'ai peine à concevoir comment après la manière indigne dont vous m'avez trompé, que vous osiez encore vous présenter devant moi; désormais, il ne doit plus, il me semble, rien avoir de commun entre nous; dites-moi donc ce que vous demandez en ce moment? et cessons de nous voir.

— Je vais vous l'expliquer, Monsieur; premièrement, vous me permettrez de vous dire que vous êtes un impertinent.

— Madame ! vous m'insultez!

— Oui, Monsieur, un impertinent, je le répète, et indigne qu'une femme aimable daigne entreprendre de venir se justifier à vos yeux.

— Madame, vous ne pouvez vous justifier, vous m'avez trompé indignement, exposé aux risées de tout le monde, froissé mon amour-propre.

— Monsieur, en ce moment vous me permettrez de vous dire que c'est vous jusqu'ici êtes le trompeur, et surtout en refusant de m'épouser après me l'avoir promis afin d'abuser de moi et de ma crédulité.

— Alors, Madame, je vous croyais baronne et fortunée.

— Il paraît, Monsieur, que vous en vouliez plus à mon titre, à ma fortune, qu'à ma personne.

— Sans nul doute, reprend Duroseau; à peine a-t-il lâché ce mot que Caroline lui applique un soufflet en lui prodiguant les noms de suborneur et de traître. Duroseau, étourdi par la correction, se jette hors du lit et intime à Caroline l'ordre de sortir de sa chambre; la jeune femme part aussitôt d'un éclat de rire, et loin de se rendre à l'ordre de Duroseau, elle se déshabille et se glisse dans le lit; Duroseau furieux refuse de se rendre à l'invitation qu'il reçoit d'elle de venir y prendre place, et jure de passer la nuit dans un fauteuil.

— Comme il vous plaira, lui répond Caroline, boudez, Monsieur, gardez-moi rancune pour une faute dont je ne suis que l'instrument, car enfin, sans votre Gustave qui m'a forcé de remplir ce rôle près de vous, croyez-vous que je m'en serais avisée, ensuite, s'il m'avait prévenue que j'aurais affaire à un homme égoïste, incapable de payer de retour les sentimens qu'il devait m'inspirer; pensez-vous que j'aurais ouvert mon cœur à vos discours trompeurs? allez, allez, Monsieur, vous êtes un monstre indigne d'être aimé autant que je vous aime, mais ne croyez pas que l'affront que je reçois de vous restera impuni, vous m'avez trompée, déshonoré, mon frère en sera instruit et comme un des plus braves officiers de l'armée, il lavera dans votre sang l'injure que vous me faites en renoncant ma main. Cependant quoique n'étant pas une baronne, je n'en suis pas moins d'une naissance honorable ; sachez, Mon sieur, que je suis la fille d'un brave capitaine, ce qui vaut mieux qu'un ex-sal timbanque, un danseur enrichi.

Ces dernières paroles jointes à l'effroi qu'avait fait naître en Duroseau la menace du frère, anéantirent le pauvre garçon, c'est en vain qu'il chercha à nier son ancien métier, mais plusieurs traits de sa vie qu'elle lui cita, le convainquirent qu'elle était bien instruite de son premier état. Il accusa Gustave de cette indiscrétion, mais il revint de cette pensée lorsque Caroline se fit connaître à lui comme un ancienne camarade de la troupe ambulante dont lui et sa sœur avaient fait long-tems parti. Alors se rappelant d'elle, et surtout d'avoir éprouvé autrefois un certain sentiment pour ses charmes, Duroseau se rapprocha du lit, Caroline jeta ses bras autour de son cou, l'attira à elle davantage, Duroseau vaincu oublia à ses côtés et sa rancune et sès rigueurs. Après ces doux transports, Caroline obtint de Duroseau la promesse d'un amour constant et l'espoir qu'un jour peut-être elle deviendrait sa femme.

Depuis ce tems, Duroseau plus amoureux que jamais, ne pouvait sans vivre sa maîtresse, c'est alors que souhaitant passer avec elle le reste de la saison à la campagne, il refusa de suivre le baronnet et Léontine à Pariset laissa partir la société du château, préférant y rester dans une paisible solitude au sein de l'amour et de la liberté.

Caroline, alors maîtresse absolue des volontés de celui dont elle convoitait la fortune ainsi que le nom, fondit de grandes espérances de succès sur le tems qu'elle allait passer en tête-à-tête avec lui et sur la grande intimité qui devait en résulter à la longue.

Restés seuls dans le château afin de passer le tems gaîment, ils se livrèrent de nouveau à tous les plaisirs de la campagne. Caroline connaissait la plupart des fermiers des environs, ne craignant plus d'être nommée par son nom et que sa véritable condition était connue de Duroseau, acceptait les invitations et les parties de plaisirs qu'on venait lui proposer sans cesse des pays environnans ; chaque fête villageoise, était fréquenté par elle et son amant, il ne se faisait point un baptême, un mariage, un repas que Duroseau et elle ne fussent invités. Duroseau s'était fait dans le pays une réputation d'homme grand et généreux, Caroline était aimée à cause de la gaité de son caractère, de sa vivacité ; or donc, comme partout on aime et surtout en province, ceux qui donnent et amusent, chacun dans le pays se disputait la présence des deux amans et ce qui était cause qu'en ce moment, ils était absens du château depuis la veille, et que Duroseau, la tête frisée et en gants blancs, un bouquet au côté, capable par sa grosseur de nourrir une chèvre pendant une semaine donnait la main et conduisait ce jour là, la fille d'un fermier à l'autel de l'hyménée.

Après la messe toute la noce s'était rendue à la ferme où un excellent et splendide déjeûner dinatoire dirigé par Duroseau et qui devait se prolonger jusqu'au soir attendait les convives, Duroseau s'était placé entre Caroline et la mariée à laquelle il débitait mille jolies bêtises analogues à la circonstance.

Un cousin de la mariée, dans l'intention de prendre la jarretière, venait de se faufiler sous la table et avait apparemment beaucoup de peines à la détacher car la mariée paraissait s'impatienter et devenait rouge son fichu s'agitait violemment sur son sein, le petit cousin en se retirant à la malice de pincer le mollet de Duroseau, celui-ci effrayé, fait un bond sur sa chaise croyant que tous les chats de la maison sont après sa jambe; malheureusement en sautant il heurte le bras de la mariée qui portait en ce moment un verre plein de vin à sa bouche; le vin se renverse sur elle, et voulant éviter l'inondation totale en se reculant précipitamment, elle rencontre de même une servante qui portait un plat de gibelotte, le plat lui échappe des mains, et inonde Duroseau de lapin de sauce, d'oignons et de champignons. L'infortuné se met dans une colère épouvantable crie, tempête contre la servante qui s'excuse de son mieux et accuse la mariée d'être la cause de sa maladresse.

Tous les convives, à l'aspect de cet accident, étaient partis d'un éclat de rire, qui ne faisait que redoubler à la vue de Duroseau dégoûtant de sauce et s'emportant après les rieurs; enfin, furieux, d'être le jouet d'une foule de paysans, il quitte la table, gagne la porte et malgré les excuses des chefs de la famille, fait mettre les chevaux à la voiture et s'apprêtait à y monter, lorsque Caroline arriva assez à tems pour le retenir. A force de prières et de caresses de la belle, Duroseau s'attendrit et consent à rester moyennant qu'on lui procurera d'autres vêtemens pour changer; le fermier s'empresse aussitôt de le conduire dans sa chambre à coucher, puis ouvrant une grande armoire, en tire un costume complet à la mode du pays, Duroseau enfile le pantalon de nankin de Rouen, l'habit de bouracan à larges pans, et tant bien que mal fagotté, reparaît au banquet le sourire sur les lèvres.

Pendant son absence les rieurs avaient été tancés d'importance par les parens des mariés pour leur hilarité déplacée envers un Monsieur comme il faut, et duquel on devait être honoré d'avoir la société.

Le calme rétabli et la bonne humeur revenus on termina le repas; ensuite arrivèrent les chansons que les jeunes filles firent cesser le plutôt possible afin de courir à la danse.

Le violon et le tambourin du hameau frappaient l'air de leurs sons discordans, toute la noce était en branle, Duroseau suait sang et eau, tant il se trémoussait voulant à toute force faire exécuter une galoppade laquelle, depuis deux heures qu'il en démontrait les pas, allait tout de travers et causait une confusion, une poussière épouvantable c'était un bruit à ne plus s'entendre, des cris, poussés par les jeunes filles que les garçons étourdis par le vin et le désordre se permettaient de pincer et de profaner par des attouchemens déshonnêtes, la mariée profitant du tumulte, était disparue, son petit cousin manquait de même, le marié tout entier à la galoppade, faisait galopper Caroline laquelle aimait infiniment ce genre de danse, surtout avec une novice et beau garçon, aussi l'avait-elle fait galopper si loin qu'ils avaient dépassé les lignes du bal et disparus, ainsi que la mariée et son cousin.

Duroseau s'aperçut de l'absence de sa belle, aussitôt quittant la danse il s'élance en zéphir afin de courir à sa recherche; mais ayant perdu l'équilibre il se donne une entorse et tombe aux pieds d'une dame qui s'avançait vers lui.

Oh! surprise ! oh confusion ! qui reconnaît-il? sa sœur, dont le regard sévère et courroucé se fixe sur lui.

— Que faites vous ici, Monsieur !

— Mais ma chère amie tu le vois je suis à la noce et maître du ballet.

— Suivez - moi, j'ai à vous parler en particulier, reprend Délia.

Du roseau auquel la surprise et la présence de sa sœur empêche de ressentir la douleur, obéit et la suit en boîtant jusque dans une de chambres de la ferme.

— Voilà donc, Monsieur, à quoi vous passez votre tems lorsque je vous crois en Bourgogne.

— Ma chère amie, j'en arrive et le hasard m'a fait, à mon retour, passer en ce pays dans lequel j'ai fait connaissance d'un lord anglais, un homme charmant, je me suis fixé plusieurs jours chez lui et n'ai pu refuser l'invitation que m'a fait le fermier de son château de venir honorer de ma présence les noces de sa fille.

— Vous mentez, je sais tout et connais votre indigne conduite, vous m'avez trompée abominablement, en prêtant la main à l'enlèvement d'une jeune fille que j'avais adoptée comme mon enfant, vous n'avez pas rougi d'être le vil complaisant d'un libertin sans honneur, qui s'est servi de votre crédulité pour faire de vous l'instrument de ses passions et le gardien de sa maîtresse; et pour lui complaire, vous avez outragé votre sœur l'avez blessée dans ce qui lui était le plus sensible, en faisant de sa maison une maison d'intrigues en y introduisant la honte, en aidant à perdre une simple et innocente fille, mais parlez, parlez, où est-elle? où est Léontine; qu'en avez vous-fait?

—D'abord, ma chère Délia, tu t'emportes et m'injuries mal à propos, je ne suis point coupable, je ne suis que la victime, sur laquelle tout tombe en ce jour. Oui, j'ai conduit ici la petite, mais dans une bonne intention, afin de te dérober sa grossesse.

— Que dites-vous! sa grossesse, quoi! Léontine était enceinte?

— Comme j'ai l'honneur de te l'apprendre, mais je croyais, très-bonnes les intentions de Gustave et qu'il m'avait promis de l'épouser après ses couches, je consentis à dérober aux yeux du monde la faiblesse de la jeune fille; ensuite, j'étais engagé à ce voyage, afin de faire connaissance avec Madame la baronne de Quimperlé que j'aurai l'honneur de te présenter un de ces jours comme ma future prétendue.

—L'épouser, le monstre! dit Délia, qui n'a pas écouté les dernières paroles de son frère, et pendant que l'infortunée était exilée en ces lieux il contractait un autre lien à Paris.

— Qu'est-ce que tu dis donc? comment il s'est marié pendant que j'étais ici.

— Et l'enfant de Léontine, qu'est-il devenu? où est-il?

—Oh! pour celui-là il n'a pas attendu le terme pour quitter la résidence et mourut en naissant.

— Il est mort ? et la mère, Léontine ?

— Ma foi elle s'est consolée avec Mylord, et a pris avec lui la route de Paris.

— La malheureuse est perdue ! s'écrie Délia, et un ruisseau de larmes vint inonder son visage ; c'est en vain que Duroseau voulut entreprendre de la consoler en lui prouvant que par sa conduite elle était devenue indigne de son intérêt, Délia le fixa d'un œil sévère et l'accusa d'en être l'auteur, puis se levant, elle quitta Duroseau en lui défendant de se présenter jamais devant elle.

IV.

Le stratagême qu'avait employé Ignace Phliton ayant réussi, se voyant maître d'Annette et certain que les cris de la jeune fille ne seraient entendu de qui que ce soit, étant enfermé dans une maison ocoupée que de lui seul et isolée de tout autre habitation, Ignace se rendit aussitôt après, chez son digne patron, afin de le prévenir du succès de l'entreprise et savoir ce qu'il devait faire de sa prisonnière.

— La garder à vue et prendre toutes les précautions possibles afin qu'elle ne puisse échapper, avait répondu M. Jules Darmentier, puis congédiant Ignace, il l'avait chargé de l'attendre le lendemain au matin à la maison du boulevart des Invalides, lui promettant de l'instruire entièrement de l'importance qui existait pour eux d'éloigner au plutôt cette jeune fille de Paris.

Ignace s'était retiré non sans avoir remarqué le mouvement qu'occasionnait, la quantité de monde, les allées et venues, le nombre des lumières qni annonçaient que ce soir là il y avait fête et réception chez le membre du comité de bienfaisance.

Impatient d'être au lendemain, il retourna chez lui, avant de rentrer dans sa chambre située au premier étage de la maison et monta doucement écouter à la porte du second si sa prisonnière avait pris le parti de cesser ses plaintes et ses cris. Un silence absolu régnant dans la chambre il redescendit et fut se mettre au lit.

Avant de s'endormir, Ignace roula

long-tems dans sa tête les pensées diverses qui venaient l'assaillir au sujet d'Annette et des intentions de Jules Darmentier à l'égard de cette jeune fille, Ignace se promettait de tirer de cette aventure un grand parti, n'importe la manière dont elle devait tourner, soit en exigeant de Jules une forte somme comptant pour ses démarches et son silence, ou bien en dévoilant à Dermance la retraite d'Annette et les nouvelles machinations que Jules Darmentier tramait contre elle.

Là-dessus il s'endormit en remettant au lendemain après son entrevue la décision de ce qui lui serait le plus avantageux de faire pour ses intérêts.

Monsieur Jules fut exact et arriva de grand matin.

— Eh! bien, elle est ici, m'avez-vous dit hier ?

— Oui, enfermée ici-dessus; désirez vous la voir?

— C'est inutile, écoutez-moi; Madame Dermance, vous le savez, s'était laissé séduire par la maladie que son fils vient d'éprouver, et avait promis de l'unir avec cette jeune fille, tant que cette dame a tremblé pour les jour de Dermance, son intention fut de tenir sa promesse, mais maintenant que son fils va beaucoup mieux, et de plus influencé par sa noble famille, elle renonce à ce projet et reviens à ses anciens préjugés, or donc, elle voulait à tout prix éloigner de chez elle cette fille et m'avait chargé de trouver un prétexte et quelqu'un d'adroit qui voulut bien l'entreprendre; vous avez réussi et vous serez récompensé; mais voici une autre chose qu'elle exige de vous, c'est de soustraire à la jeune fille un médaillon qu'elle doit porter à son cou, c'est un présent de Dermance auquel sa mère tient infiniment et qu'elle ne veut point abandonner à cette Annette; ensuite, comme il s'agit de l'éloigner pour toujours de ce pays, de la soustraire aux recherches sans nombre que ne manquera pas de faire Dermance, je me charge de la faire conduire hors du royaume, de mettre la mer entre elle et son amant : surtout, ayez ce médaillon, si elle le refusait, employez les menaces, la force ; enfin tout ce que vous jugerez nécessaire pour y parvenir.

— Mais voilà bien des choses ; et que gagnerai-je à tout cela ? reprend Ignace en interrompant Jules.

— Le payement des trente mille francs que je vous ai promis et la protection d'un Préfet, car vous saurez que ma nomination m'a été envoyée hier.

— Je vous placerai Phliton, et même mieux que vous ne pouvez l'espérer ; je me charge de votre fortune, servez mes projets et la récompense vous attend. Je reviendrai demain chercher ce bijou et vous débarrasser de cette fille. Ayez soin de lui donner jusque là ce qui lui est nécessaire, quand au reste reposez-vous sur moi.

Là dessus, Jules Darmentier quitta Ignace Phliton et laissa ce dernier réfléchir à ce qu'il venait d'entendre.

— Depuis long-tems cette récompense se fait bien attendre, pensait Ignace, me tiendra-t-il parole cette fois? son ton mielleux, ses grandes promesses d'aujourdhui m'annoncent le besoin qu'il a de moi, mais qu'il ne croye pas que je veux être sa dupe plus long-tems, emparon-snous de ses bijoux et rendons-nous chez madame Dermance; là, je saurai s'il est vrai que j'ai agi d'après ses ordres et si notre homme n'a pas d'autres vues que celles qu'il me donne pour raison, malheur à lui s'il me trompe, car l'amant de la petite me vengera.

Ignace muni d'un panier renfermant des alimens se rend à la porte de la chambre d'Annette, il tourne la clef, mais la porte résiste malgré ses efforts pour l'ouvrir; il devine aussitôt que la jeune fille s'est barricadée, alors d'une voix doucereuse, et par de rassurantes paroles, il l'engage à débarrasser le porte afin de la laisser entrer. Annette que le bruit et la voix viennent tirer de l'assoupissement dans lequel elle était plongé, se jette aussitôt à bas du lit où elle reposait et court opposer ses efforts à ceux que fait Ignace o ur ouvrir. C'est en vain qu'il parle, supplie, ensuite commande d'un ton sévère, la porte résiste toujours; la colère s'empare alors d'Ignace, ses efforts redoublent, ceux de la jeune fille s'épuisent et le passage devient libre par le renversement de l'échafaudage.

Phliton est dans la chambre, et voit Annette étendue à terre ensevelie sous les meubles et à moitié morte par l'effroi et les contusions occasionnés par la chute des objets qu'elle avait empilé. Ignace la débarrasse, la relève et d'un ton doux la rassure et l'encourage, la jeune fille tremblante n'ose lever les yeux sur lui, mais enfin elle s'est enhardie, tombe à ses pieds le conjure de lui rendre la liberté, de ne point plus long-tems abuser de sa confiance, de sa faiblesse; elle pleure, supplie; les larmes inondent son visage. Phliton la contemple, qu'elle lui semble belle! et pourtant il repousse sa demande, lui jure qu'il n'est pas maître de la lui accorder.

La jeune fille au désespoir se traîne à ses pieds, Phliton la relève, la soutient dans ses bras ; son cœur éprouva en la pressant un sentiment inconnu, des désirs s'élèvent dans son âme, il ose comme la veille presser de ses lèvres celle de la pauvre fille, mais elle frissonne et le repousse, Phliton employant sa force la serre davantage et continue ses profânes caresses sur une bouche qui se détourne avec horreur. Mais en se débattant un médaillon vient de sortir du sein de la jeune fille, sa vue rappelle un souvenir à Phliton. Aussitôt, redoublant ses efforts, ses baisers afin d'étourdir sa victime, il arracha pendant ses débats et sans qu'elle le sentit, le médaillon et le cacha aussitôt sur lui; ensuite, voyant qu'elle avait perdu connaissance il la jeta sur un siège et s'éloigna aussitôt.

Rentré dans sa chambre, Phliton examine le bijou: il s'ouvre et laisse voir à ses yeux surpris le portrait en miniature de celle qui fut jadis l'épouse de M. Darmentier. A sa vue une foule de pensées viennent l'assaillir; comment se fait-il que cette jeune ffile ait un portrait en sa possession? serait-elle la fille de celle dont les traits sont présents à ses yeux, Jules n'aurait-il désiré avoir eu ce médaillon que pour anéantir une preuve authentique de la naissance d'Annette; à force de conjectures, il finit par se créer presque la réalité de l'intrigue existante, il veut s'en assurer, savoir s'il est vrai que M. Dermance réclame ce portrait; il part, il court, il arrive à Boulogne, un des gens de madame Dermance est depuis long-tems lié avec lui et lui sert de motif pour pénétrer dans la maison; tout dans cette demeure est dans la tristesse : chacun s'inquiète et regrette la disparution d'Annette. MadameDermance est retombée dangereusement malade en apprenant ce malheur. Par l'indiscrétion d'un domestique, Phliton apprend de son ami que M. Darmentier M. Bonnard et M. Duroseau viennent d'arriver pour voir la jeune fille, que l'on suppose être l'enfant de M. Darmentier. Ignace se fait expliquer la chose plns amplement et demande à quoi, à quel signe ils pourront se convaincre qu'Annette soit ce qu'ils pensent : à un médaillon lui répond l'ami, à un médaillon. C'en est fait, Phliton a deviné juste, et veut être certain de la reconnaissance, aussitôt il s'éloigne de son ami sous un prétexte, pénètre dans un des salons voisins de celui où se trouvent rassemblés les maîtres de la maison, il dépose le médaillon sur une table et sort de la maison pour y rentrer quelques heures plus tard.

En effet, son expédient a réussi, le bijou a été aperçu par madame Dermance, et reconnu par M. Darmentier et Bonnard ; c'est elle, se sont ses traits a dit M. Darmentier, voilà ma chère Marie, oui ! oui, Annette et Léontine vous êtes mes enfans et le veillard ne pouvant supporter un coup si violent s'est évanoui dans les bras de ses amis.

— O fortune, je te tiens! s'est écrié Ignace Philiton en quittant le lieu et regagnant le bois. O maître Jules, vous allez payé cher ma discrétion.

— Eh bien! et le médaillon? dit aussitôt en entrant le lendemain dans la chambre d'Ignace, M. Jules Darmentier.

— Il est en ma possession.

— Donnez, reprend Jules en tendant la main.

— Un moment, donnant, donnant, et mes trente milles francs.

— Demain, je vous les compte.

— Alors demain, je vous donne le médaillon, mais il faudra ajouter avant à la somme.

— Pourquoi? et que voulez-vous dire, d'où vous vient ce surcroit d'ambition.

— Du surcroit d'importance, répond Phliton.

— Je ne vous comprends pas.

— Alors je vais m'expliquer, vous avez ravi l'épouse de votre frère, lorsqu'elle était enceinte, dans l'idée de lui donner la mort et dans l'espoir de voir votre fils un jour l'héritier de son oncle, le hasard vous a évité de commettre un assassinat en faisant mourir cette femme infortunée; ses enfans étaient perdus et aujourd'hui vous recueillez le fruit de votre crime. Mais le même hasard fait retrouver un de ses enfans dans la jeune fille que vous m'avez fait enlever, son médaillon renferme le portrait de sa mère et devient une preuve incontestable jointes aux révélations, du prêtre qui les éleva. Or donc, que je lâche la petite et vous perdez tout le fruit de vos machinations, je vous dénonce à votre frère comme auteur de tous ses maux, votre fils est chassé de chez lui et privé de sa fortune même sans avoir reçut la dot que son oncle lui destine et doit lui compter sous peu en faveur de son mariage avec Mademoiselle Dermance ; le bruit de ses lâches actions se propage dans la société, vous en êtes chassé, et perdez cette place de laquelle la possession vous a couté tant de bassesses et d'intrigues. Or donc, vous devez sentir et sentez, car je le vois à votre mine, combien mon silence vous est précieux, alors payez les cent mille francs et cela de suite, alors je me tairai.

— Malheureux! j'admire ma patience de t'avoir écouté si long-tems sans châtier ton audace. Quoi ! tu oses misérable, me reprocher ce dont tu fus mon complice ? ne m'as-tu pas toi-même aidé de tes conseils dans cette circonstance, et aujourd'hui tu t'armes de ce crime et de la délation pour m'arracher de quoi satisfaire ton ambition et ta cupidité; tu m'offres ton silence au prix de ma ruine, ignores-tu que je posséde à peine la somme que tu exiges et d'ailleurs, lors même qu'il me serait possible de te satisfaire, qui donc m'assurerait de ta discrétion et qu'un jour tu ne reviendrais pas m'en imposer autant?

— Que m'importe vos reproches, vos craintes, il me faut cette somme, je l'exige et de suite.

— Tu l'exiges! tiens, misérable, voilà comme on paye des services pareils aux tiens. En prononçant ces mots, Jules Darmentier ne se contenant plus et parvenu au comble de la fureur s'empare d'un des lourds chenets de la cheminée et courant sur Ignace lui en assomme un coup avant que celui-ci ait eu le tems de le parer ; mais le coup porte à faux et ne fait qu'effleurer l'épaule. Aussitôt, et sans attendre le second, que Jules Darmentier se dispose à lui donner, Ignace se précipite sur lui, le prend à la gorge et le renverse sous lui, une lutte violente s'engage entre les deux champions avec un horrible acharnement ; enfin, elle cesse, mais comment ? lorsque Ignace vainqueur, est parvenu à étrangler son agresseur.

Jules Darmentier est là, étendu sur le carreau, sans vie, défiguré ; Ignace le contemple, un rire exécrable ride ses lèvres, lui-même est couvert de sang qui découle des blessures nombreuses que lui a fait sa victime en se débattant, mais son trouble, sa fureur, lui ôte tout sentiment, il ne ressent aucun mal, il se penche sur le cadavre, s'empare d'un porte-feuille. Il l'ouvre, rien dedans qui satisfasse son avidité, il continue ses recherches, et saisit plusieurs clefs. Ce sont celles de l'appartement et de la caisse du mort, Ignace sera forcé de fuir, il lui faut de l'or, il en aura, et beaucoup.

De suite, il étanche le sang dont il est couvert, change de vêtemens et remis de sa violente agitation, il sort après avoir soigneusement fermé les portes, se dirige vers la rue du Bac, se met en embuscade auprès de la maison de Jules Darmentier, après plusieurs heures d'attente il voit sortir le domestique de Jules, aussitôt et sans être aperçu il a franchi l'escalier. Parvenu dans l'appartement dont la clef lui facilite l'entrée, il pénètre jusqu'au cabinet renfermant la caisse , l'ouvre, s'empare d'une liasse de billets de banque, remplit ses poches d'or et s'éloigne à la hâte après avoir sans bruit refermé les portes.

Il marche avec vitesse; bientôt il est de retour chez lui et prépare tout pour fuir, mais, il réfléchit que rien ne doit tant le presser ni diriger sur lui les soupçons; il calme son ardeur, cache son or et attend la nuit. A peine couvrait-elle la terre qu'il charge ses épaules du corps gissant dans sa chambre , le descend dans les caves de la maison et l'enfouit sous un amas de décombres.

Ignace possède un passeport qu'un voyage jadis projeté avait rendu nécessaire ; demain, il quittera Paris pour ne jamais y revenir, mais Annette le suivra, il faut qu'elle devienne sa maîtresse, sa femme même, et qu'un jour étant reconnue pour la fille de M. Darmentier, elle lui apporte en dot l'héritage de son père. Oui, rien ne pourra lui ravir la possession de cette jeune fille ; elle-même consentira à unir son sort au sien, Ignace ne connait plus d'obstacle à ses désirs s'il faut employer la violence rien ne lui coûtera afin de parvenir à son but.

Une pensée, un désir atroce vient de naître en lui; la sombre nuit enhardit ses projets, il quitte le siège qu'il occupe, à pas lents et sans bruit il se dirige vers l'étage supérieur, il écoute, aucun bruit : sans doute Annette sommeille... Cette fois, la porte s'ouvre sans résistance, mais elle a crié sur ses gonds, la jeune fille s'est éveillée. Ignace trompé dans son attente, la voit debout, comptant la trouver endormie. N'importe, il avance, Annette effrayée demande en fuyant ce qu'il lui veut à cette heure?

— Vous voir, vous parler, vous peindre l'amour que m'avez inspiré.

—Sortez, Monsieur! sécrie l'infortunée tremblante de frayeur et cherchant à éviter l'approche d'Ignace, sortez, je ne puis vous entendre, pourquoi, à cette heure, au milieu de la nuit, osez-vous venir me tourmenter?

— Annette, il faut que vous m'écoutiez, pensez que vous êtes en ma puissance, que rien ne peut vous soustraire à ma volonté.

— Ah ! de grâce, au nom du ciel, n'abusez pas de ma position, de mon malheur, ô ! je vous en supplie ! grâce ! grâce ! je l'implore à vos genoux.

Mais, c'est en vain qu'elle supplie, sa voix n'est entendu que de celui qui la presse dans ses bras, ose la couvrir par des caresses impures; la pauvre fille se débat, épuise, en vain ses prières et ses forces, elle est renversée, ses cris sont étouffé, et cette fille si pure, si vertueuse, que jadis un hymen désiré allait combler de ses faveurs, est déshonorée par un meurtrier encore tout couvert du sang de sa victime ...... C'en est fait ! elle lui appartient, le reste de la nuit se passe, et l'aurore à son lever, trouve encore le violateur assouvissant sa sa passion effrénée dans les bras d'une fille, pâle, mourante, et privée de connaissance.

VI.

Un salon resplendissait d'une multitude de bougies dont les feux se reflétaient sur les lambris dorés, les riches tentures du magnifique et somptueux séjour. Sur un sopha, une jeune femme dont la beauté ravissante est encore relevée par l'élégance de la parure et l'éclat des diamans dont elle est couverte; cette jeune femme donc, couché nonchalament, écoute, sourit avec grâce et finesse aux propos galans d'une foule de jeunes gens groupée autour d'elle, renchérissant à qui mieux mieux, sur les louanges dont ils accablent la divinité du lieu.

— Quelle heure est-il, messieurs? demande la jolie femme en s'adressant à ses jeunes courtisans, il me semble que Mylord se fait bien attendre, il doit cependant vous savoir ici.

— Dix heures, belle Léontine, et

je ne m'en serai jamais douté. Près de vous les heures passent aussi vite que les secondes, reprend un des jeunes gens qui n'est autre que l'inconnu, qui sans cesse à Rozoy prodiguait ses soins et ses hommages à la fausse baronne.

— Dites-moi, mon cher Vilson, reprend Léontine en s'adressant au même ; avez-vous passé chez M. Duroseau et pouvons-nous compté l'avoir ainsi que son épouse pour souper avec nous ?

— Oui, belle dame, ils me l'ont promis, je leur ai même fait le reproche de votre part de la rareté de leurs visites.

— Ah ! ah ! reprend en riant

Léontine ce n'est pas un reproche que ces nouveaux mariés peuvent vous adresser, mauvais sujet, car Dieu merci vous ne sortez pas de chez eux; ce pauvre Duroseau! j'admire sa confiance.

— Ah ! Madame, pourriez-vous penser....

— Ce qui est vrai, n'est-ce pas? que vous offrez vos hommages, vos soins à la femme, en prodiguant au mari mille protestations d'amitié, oh! vraiment, vous êtes un infâme, et tout en riant du mari, je le plains d'être si mal payé d'une femme dont il a fait le sort. Vraiment, j'admire les jeux de l'amour, lui qui tenait tant à s'ailler à la noblesse, épouser une femme de chambre, et pour prix de ce sacrifice être trompé à chaque instant du jour; mais, messieurs, voyez donc comme tarde Milord ?

Un bruit se fait entendre dans la pièce voisine, la porte s'ouvre à deux battans, M. et madame Duroseau font leur entrée dans le salon.

— Arrivez donc, chers amis, s'écrie la maîtresse du lieu, et Léontine en souriant, tend la main à Duroseau sur laquelle il dépose un respectueux baiser.

M. Vilson a été au devant d'eux et conduit madame Duroseau prendre place sur le même sopha que Léontine; elle se débarrasse de son châles et de son chapeau dont l'époux s'empare et qu'il va porter dans la pièce précédente

—Messieurs, dit-il en rentrant aux jeunes gens qui l'entourent, je vous dirai que j'ai fait aujourd'hui à ma femme un cadeau magnifique, l'achat de la jument alézanne de lord Darbi ; cette charmante bête me coûte un prix fou, mais, ma foi, je n'ai pu résister aux désirs et aux prières de ma Caroline. Elle l'a montée aujourd'hui et se trouve ravie de son allure, de sa douceur; demain, nous sommes des vôtres pour la cavalcade projetée; cela sera charmant, et d'autant plus agréable pour moi, que le mois d'équitation que je viens de prendre me rend assez bon cavalier, je rends grâce à Caroline de m'y avoir contraint.

Pendant ce tems un dialogue à part s'était entamé entre les deux dames, Vilson et un autre gentleman, lorsque lord Williams entra dans le salon et donna par sa présence le signal de la joie; on se mit à table pour souper; de fréquentes libations eurent bientôt échauffé toutes les têtes, au dessert le champagne emporta le peu de raison qui restait aux convives; Williams près de Léontine la pressait dans ses bras et la couvrait de brûlantes caresses, Duroseau à moitié tombé sous la table, privé de son bon sens, oubliait sa femme que Vilson avait entraînée dans une autre pièce.

Bientôt l'amant de Léontine en bon anglais et selon son habitude patriote alla rejoindre Duroseau et dormir près de lui; tandis que le voisin de gauche lord Darbi moins étourdi que les autres et les voyant tous dispersés, en profita pour faire à Léontine l'aveu de son amour et l'offre de sa fortune en les accompagnant de tendres protestations de fidélité.

Léontine l'écoutait en cherchant à débarrasser ses mains de celles du gentleman et riait de ses propos galans.

Ce dernier l'entoure de ses bras ivres d'amour, la presse et lui prend un baiser.

Léontine n'a plus la force de se défendre, surtout lorsque l'Anglais lui offre d'ajouter au don d'une fortune immense, le don de sa main ; en l'engageant à fuir ensemble en Angleterre, où il jure de l'épouser en arrivant

Léontine demande le tems de réfléchir, l'Anglais presse sa réponse, dépeint la fortune de lord Williams comme étant dissipée entièrement par ses énormes dépenses, et la sienne intacte et immense.

—Demain, répond Léontine, demain je vous ferai part de ma résolution.

Mais Williams vient de faire un mouvement, il sort de sa léthargie, Léontine s'éloigne aussitôt du gentleman et se sauve dans sa chambre à coucher dans laquelle elle surprend Vilson et Caroline dans une position fort équivoque.

Les parties d'écarté viennent aussi de s'entamer au salon : l'or couvre les tapis et s'élève en pyramide autour des bougies. Williams à peu près débrouillé des vapeurs vineuses, prend place, et essaye, en jouant gros jeu, les chances de la fortune.

Caroline qui feignait de chercher son mari, le trouve gissant sous la table, le tire par le bras et l'arrache au sommeil en l'accablant de reproches sur la position dans laquelle il s'est mis, et s'éloigne après avoir pris sa bourse, qu'elle va vider sur le tapis vert d'une table du jeu.

Le jour commençait à poindre que nos joueurs étaient encore autour des tables. Lord Williams luttait avec ardeur contre la chance heureuse de lord Darbi, qui n'avait cessé de lui gagner toute la nuit des sommes considérables, en ce moment encore, il lui emporte sa dernière pistole. Lord Williams demande sa revanche, en tirant de son porte-feuille, une traite à vue de dix mille francs sur un des banquiers de Paris, la met sur la table contre pareille somme. Lord Darbi accepte, la partie s'entame. Lord Williams a perdu, son adversaire s'empare de la traite et quitte le jeu, laissant son adversaire étourdi de sa perte.

Un peu plus loin, Caroline tentait aussi la fortune, mais la déesse ne lui était pas plus favorable qu'à lord Williams, et malgré les conseils de Vilson, toujours placé près d'elle, sa bourse s'était vidé, et son jeu ne roulait plus que sur parole. Duroseau peiné de voir son argent s'échapper avec tant de rapidité, avait voulu adresser à sa moitié quelques observations, mais un regard sévère avait de suite arrêté la parole sur ses lèvres.

C'était à midi du jour qui suivait cette nuit, que Léontine, devant sa toilette et pendant l'absence de lord Williams, écoutait avec attention les discours de lord Darbi, ses propos d'amour, le tableau qu'il déroulait à ses yeux du sort brillant dont elle jouirait et de la haute considération dont elle serait environnée en Angleterre, si elle consentait à le suivre, et à devenir son épouse. Le jeune lord accompagnait ses paroles, d'une expression si tendre, il suppliait avec tant de feu, que Léontine cédant au transport de celui qui en ce moment lattirait dans ses bras, consentit à ses désirs.

Lord Darbi au comble du bonheur, fixa leur départ au lendemain, et donna à sa nouvelle maîtresse, la traite de dix mille francs, gagnée à lord Williams, afin qu'elle en disposât en faveur des emplètes qu'elle serait tentée de faire avant de quitter la France.

Léontine, restée seule, se livre un instant à ses pensées: elle va donc quitter la France, et sous un autre ciel, trouver un rang et la fortune; son cœur s'énivre de ce bonheur et en est tellement rempli, qu'il n'y laisse aucune place pour le souvenir.

de ses premiers amis. Léontine, depuis son retour à Paris a cherché à éviter leur présence, sous des lambris dorés sous un nom étranger, elle a vécu dans les plaisirs, le luxe, sans donner un souvenir à son vieux père adoptif, à sa bienfaitrice; aujourd'hui qu'un amant s'est ruiné pour elle, elle le fuït pour un autre, qui lui offre les mêmes jouissances, mais plus durables et plus certaines puisque le don de sa main doit les accompagner.

Pendant ces réflexions les yeux de la jeune fille se portent sur un papier posé sur sa toillette; elle le déploie, c'est la traite, elle est à vue, Léontine a mille emplètes à faire et veut paraître dans la capitale de la grande Bretagne avec les dernières modes de

Paris. Or donc, il faut en faire l'acquisition, le banquier demeure Chaussée d'Antin, sa voiture va l'y conduire.

Elle arrive, se présente, mais il est quatre heures passées, la caisse est fermée, il faut revenir demain. Mais demain de grand matin elle sera partie, il faut absolument qu'elle parle au banquier et le demande au garçon de bureau après lui avoir expliqué sa raison et glissé un louis dans la main.

—Attendez, madame, je vais voir si M. Edmond Germont est encore dans son cabinet, alors je vous introduirai près de lui.

Après un moment d'attente, il revint et introduisit Léontine dans le cabinet particulier du banquier. Ce dernier se lève à son entrée et vient à sa rencontre. Ciel! que voit Léontine? qui reconnaît-elle? Edmond, Edmond banquier!.

Les jeunes gens rougissent tous deux à cette rencontre imprévue, la présence de Léontine a frappé le cœur d'Edmond d'un sentiment pénible et la jeune fille en est tremblante.

Edmond s'est remis, il offre un siège à Léontine et rompt le silence en lui demandant ce qui lui procure l'honneur de sa visite. Léontine à peine revenue, répond avec timidité qu'elle souhaite parler au banquier.

— C'est moi, Mademoiselle, que puis-je faire pour vous?

—Vous, Monsieur, vous banquier, et comment en si peu de tems?

— Cela vous surprend, Mademoiselle, cependant il paraît qu'ainsi que moi vous avez marché vivement à la fortune; votre mise, cet élégant équipage que je vois d'ici vous attendre dans la cour, tout m'annonce que votre chemin s'est fait avec une plus grande rapidité que le mien; mais veuillez me dire ce que je puis pour votre service?

Léontine sans oser répondre, les yeux baissés présente sa traite, que le jeune homme prend de sa main, puis après l'avoir examinée:

— Une traite de dix mille francs, passée à votre ordre, je vais vous payer, Mademoiselle, quoique la caisse soit fermée à cette heure.

— Ah! ah! s'écrie-t-il en fixant le papier, cette valeur a passé dans les mains de lord Willams, voilà sa signature, ce malheureux vient d'être arrêté pour dettes, ce matin même en sortant de chez une maîtresse pour laquelle il s'est ruiné en peu de tems.

Léontine a frémi à ces mots et prête de s'évanouir, elle s'appuie sur le bras de son siège.

— Seriez-vous incommodée, Mademoiselle, reprend Edmond s'apercevant de la pâleur de Léontine, la jeune fille répond que non, mais faiblement.

Au même moment, la porte s'ouvre, une jeune femme belle comme les amours et dont la taille rondelette annonce un commencement de grossesse, entre dans le cabinet, mais s'apercevant qu'Edmond n'est pas seul fait un pas pour se retirer.

— Pardon, ma chère amie, si je te fais attendre pour sortir, mais il faut que je paye cette traite à Madame ; rentre chez toi, je te suis à l'instant. Et Florentine se retire en saluant Léontine et demandant excuse de les avoir interrompus.

Léontine sent son cœur se serrer, la vue de Florentine, la fortune et l'état honorable d'Edmond, font naître le trouble, et les regrets dans son cœur, mais il est trop tard.

— Voici votre somme, Mademoiselle, veuillez compter, dit Edmond en présentant à Léontine dix billets de mille francs qu'il vient d'atteindre dans une énorme caisse.

Léontine ne peut compter tant son trouble l'agite, elle prend les billets sans daigner les regarder et prête de quitter son siège, la voix d'Edmond l'y retient captive.

— Avant de vous retirer, lui dit-il avec douceur, ne vous informez-vous pas de votre respectable tuteur, de votre bienfaitrice, de votre infortunée sœur?

— Je n'osais, répond timidement Léontine.

— Vous n'osiez; quoi! êtes-vous donc si coupable que leur nom vous effraye et que vous n'osiez les prononcer. Eh bien! malgré votre silence, je vous instruirai; sachez que votre vieux tuteur est en proie à la plus vive douleur; votre perte, celle de votre vertueuse et infortunée sœur, le font mourir de chagrin.

— Que dites-vous, Monsieur! quoi ma sœur!...

— Votre sœur depuis quatre mois a disparu sans qu'onpuisse savoir comment, ni connaître les lieux que'lle habite. Madame Duroseau, cette femme bienfaisante, elle-même se croyant cause de ses malheurs se livre aux regrets et s'abandonne au plus violent chagrin.

— Hélas! s'il m'était permis de les voir? d'embrasser mon vieux père, ah! Monsieur, croyez-vous qu'il me verrait sans horreur?

—Essayez, Léontine, je pense que votre retour serait pour lui et Délia un bonheur bien grand, et si vous consentez, demain, je vous conduis près d'eux.

— Demain... dit Léontine après

un moment de réflexion, demain je dois quitter la France, je vais me marier en Angleterre ; mais à mon retour! qu'en pensez-vous Monsieur?

— A votre retour, Mademoiselle, il ne sera plus tems, vos fautes, votre ingratitude, auront tué ce respectable vieillard?

Edmond avait prononcé ces dernières paroles en les accompagnant d'un regard sévère lancé sur la jeune fille, puis la saluant froidement, il quitta de suite le cabinet la laissant maîtresse de se retirer; ce qu'elle fit emportant la honte et le remords dans son âme, et pourtant répandant d'abondantes larmes.

La jeune fille remonta dans sa voiture et rentra à son hôtel où l'attendait lord Darbi avec lequel elle passa la journée, cherchant à s'étourdir sur la scène du matin et sans adresser un seul souvenir, une seule pensée à l'amant qui, pour elle, était en ce moment retenu sous les verroux.

VII.

— Tu l'as vue, Edmond, et tu lui as parlé du chagrin que nous a causé sa conduite, son abandon ; tu lui as promis indulgence, pardon, oubli de notre part et l'ingrate préfère s'expatrier, s'éloigner de nous que de venir par sa présence calmer les chagrins qu'elle nous cause. Mais, Edmond, raconte-moi ce qu'elle a dit en apprenant que M. Darmentier est son père.

—Sur ce point, j'ai gardé le silence, je voulais que ce fût vous, mon ami, qui l'en instruisississiez ; en apprenant qu'elle appartient à un homme fortuné, l'ambition aurait pu la ramener, et je voulais que son retour, son repentir fût seul l'ouvrage de son cœur et de sa reconnaissance ; son refus, ou si vous voulez mieux, le retard qu'elle m'imposa à remplir un acte si sacré, m'a tellement indigné, que je n'ai pu me résoudre à rester près d'elle davantage.

— Edmond, dit Délia qui assistait à cette conversation et dont les yeux étaient baignés de larmes, pourquoi, mon ami, en faveur de l'amitié que vous nous portez, n'avez-vous pas employé tous vos efforts à nous la ramener, peut-être que la froideur que vous inspirait sa conduite, que vos sévères, mais trop justes reproches, l'auront intimidée, effrayée.

— Non, madame, je lui en ai dit assez pour la faire rentrer dans son devoir, si son cœur y avait été porté, mais, m'a-t-elle répondu, je quitte demain la France, et vais me marier en Angleterre.

— Se marier! se pourrait-il? reprend Délia en interrompant Edmond mais avec qui? Ah! la malheureuse!

je crains bien qu'elle ne soit victime d'un trompeur, et que ce prétendu mariage ne soit une feinte pour l'entraîner de nouveau à sa perte. Hélas! par quel moyen la soustraire à ce malheur : si je savais le nom, la demeure de ce lord anglais; ce ne peut être que celui qu'elle a connu à Rosoy; mon indigne frère le connaît, il pourra me fournir d'exacts renseignemens. Malgré ma colère contre lui, je veux le revoir encore, je veux l'interroger sur cet Anglais, savoir dans quelle partie de l'Angleterre il habite, m'y rendre et lui ravir sa victime. Non, Léontine ne pourra résister aux prières de sa meilleure amie, elle entendra ma voix, verra couler mes larmes, je ranimerai dans son cœur ces sentimens de vertu qui ne peuvent y être entièrement éteints ; elle se rendra et bientôt je la ramenerai soumise et repentante implorer le pardon de son père et de celui qui lui en tint lieu dès son enfance.

Edmond encouragea Délia à entreprendre ce court voyage, si les renseignemens qu'elle comptait obtenir de son frère étaient assez exacts pour ne point l'engager dans une fausse démarche, et qu'elle fut certaine qu'ils soient suffisants pour l'aider à trouver la jeune fille; lui-même l'engagea à ne rien hâter avant qu'il n'eut pris quelques informations auprès des personnes dont les noms se trouvaient placés au dos de la traitequ'il avait payé la veille à Léontine; afin de s'en occuper, il quitta de suite M. Bonnard et Délia en leur promettant de revenir dans la soirée leur rendre compte de ce qu'i aurait découvert à ce sujet.

C'était faubourg Poissonnière, chez Duroseau, que se rendait Délia quelques heures après ce que l'on vient de lire. La dame entre dans une maison de belle apparence, demande M. Duroseau au concierge et monte à l'étage indiqué; Délia trouve les portes ouvertes et personne pour l'introduire, traverse l'antichambre, puis d'autres pièces; personne ne se présente encore, elle ouvre une porte après avoir frappé, et se trouve dans le salon aussi désert que le reste de l'appartement; les yeux de Délia parcourent cette pièce et sont frappés du désordre qu'ils y rencontrent: des cartons, des tiroirs, des papiers, des effets de toutes sortes sont répandus ça et là; c'est un cahos, une confusion à ne pas se reconnaître et dont elle ne sait à quoi attribuer la cause. Elle quitte ce lieu de bouleversement et regagne la porte lorsqu'un bruit de voix, les éclats d'un rire bruyant viennent frapper son oreille : elle se dirige du côté d'où part ce tapage et parvient à l'office dans lequel se trouve rassemblée toute la domesticité de la maison. Là, valets et servantes à table jusqu'au menton se versaient à grands flocons de copieuses rasades du meilleur vin de leur maître et sablaient ce nectar en chantant et faisant l'amour. A la vue de Délia, tout rentre dans le silence, un grand valet, la serviette en sautoir, à la démarche avinée, le verre d'une main et la bouteille de l'autre s'avance vers elle et lui demande en bégéyant ce qu'il y a pour son service, en accompagnant ces paroles de plusieurs hoquets dont l'odeur força Délia à s'éloigner de quelques pas.

— Allons, belle dame, ne vous sauvez pas si vite, faites comme nous, acceptez un petit verre de ce nanan, il est chenu, car puisque la bourgeoise ne nous a laissée que la cave, il faut y faire honneur.

— Insolent, s'écrie Délia en repoussant loin d'elle le valet qui l'avait suivie en lui faisant cet offre, savez-vous à qui vous parlez; où est votre maître?

— Mon maître? je n'en connais pas de maître; celui qui sera le mien c'est celui qui me payera, et comme maintenant personne n'a cette avantage, donc personne n'est mon maître ; or, buvons et causons d'autre chose.

Délia furieuse ne se contient plus et ne sait à quoi attribuer tout ce qu'elle voit at entend dans cette maison. Et ne pouvant tirer aucun parti des gens ivres qui s'y trouvent, elle tourne le dos à l'ivrogne, lequel le bras tendu ne cesse de lui présenter un verre rempli de vin, et regagne l'escalier lorsqu'elle se trouve face à face avec Duroseau, qui montait l'escalier quatre à quatre et semblait être en proie à la plus vive agitation.

— C'est vous, Monsieur, enfin il

est heureux que je vous rencontre, car je sortais de chez vous singulièrement émerveillée de tout ce que j'y ai vu et entendu ; vous allez sans doute me dire ce que tout cela signifie.

—Comment, te voilà, entrons, entrons, Délia, ma bonne sœur, viens, j'ai bien des choses à te raconter, j'ai bien besoin de t'ouvrir mon cœur, de trouver une amie, que tu pardonnes à ton pauvre frère.

— Qu'as-tu donc, Duroseau? comme tu es agité; parle, que t'est-il arrivé? où est donc ton épouse?

— Mon épouse! mon épouse! ma chère amie, dis plutôt mon mauvais génie. Oui, Délia, j'ai aimé, j'ai cru faire le bonheur d'un monstre, d'une misérable qui me ruine, et qui pour prix de mes bienfaits, de ma tendresse, c'est enfuie hier soir avec le reste d'une fortune qu'elle a dissipée par le luxe; je suis trompé, ruiné; enfin ma chère, il ne me reste plus que ce mobilier qui suffira à peine pour payer les dettes qu'elle me laisse en partant. Vois et dis-moi si je ne suis pas cruellement puni de mes sottises, de mes torts envers toi.

Après ces paroles, Duroseau en-proie au plus grand désespoir continua à se lamenter et à pousser de violens soupirs. Délia resta stupéfaite en apprenant la ruine de son frère, dont le chagrin et la position l'affecte au dernier point, lui prend la main, la presse avec amitié.

— Viens chez ta sœur, lui dit-elle avec tendresse, tu es malheureux, elle oublie si tu fus coupable envers elle; viens partager sa demeure, sa fortune, écoute à l'avenir ses conseils et oublie près d'elle une femme indigne de toi.

—Ah! ma bonne Délia! s'écrie Duroseau en tombant aux pieds de sa sœur et couvrant sa main de larmes, suis-je digne encore de ton amitié?

Délia le relève, lui sourit, l'embrasse et lui dit: heureux je t'eus gardé rancune, mais tu es dans le malheur, tu redeviens pour moi ce frère, ami de mon enfance, qui partagea mes chagrins, mes bonnes et mes mauvaises fortunes, et auquel je rends mon amour de sœur. Maintenant, mon ami, oublie tes malheurs et viens vivre avec moi

— Oublier mes malheurs, ma chère amie; oui, mais quand je me serai vengé de l'infâme qui les a causé.

—Mon ami, il faut la mépriser, elle ne mérite pas que tu t'en occupes encore, laisse-la à son malheureux sort, tôt où tard elle gémira sur sa conduite coupable. Aussi j'étais sûr qu'un jour ton amour pour la noblesse te jouerais quelque mauvais tour.

— Belle noblesse, ma foi! s'écrie Duroseau, une femme de chambre.

— Elle n'était donc pas baronne.

— Si ma sœur, àla façon de mon ancien ami Gustave, ainsi qu'à la mienne afin de te trompertoi et beaucoup d'autres.

— Qui donc a pu l'engager à s'éloigner de toi ?

— Qui ! un chien de goddam, qui se disait mon ami, et dans lequel j'avais sottement placé ma confiance et ma femme ; ce diable d'homme s'était impatronisé chez moi, faisait le majordome dans ma maison, dépensait mon argent et courtisait Madame, la conduisait dans les réunions, les spectacles, les bals, enfin, une lettre que je trouvai ce matin sur mon bureau contenait les adieux de ce couple maudit et m'annonçait leur fuite à l'étranger; encore, s'ils ne m'emportait point le peu qui me restait de ma fortune.

— Mais, mon frère, et votre terre de Bourgogne, vos rentes sur l'état?

— Hélas! ma chère, par de perfides conseils j'ai tout vendu et engagé.

— Imprudent! et qu'aviez-vous besoin de compromettre le fond de votre revenu. Que vouliez-vous donc faire de tant d'argent?

— Une entreprise superbe! laquelle réussissant eut quatruplé mon revenu, c'était de monter en France un haras de chevaux anglais première race, que nous eussions tiré de la Normandie.

— Comment! avec votre fortune, vous vouliez vous faire maquignon et encore vendre des chevaux normands pour des chevaux anglais; hélas! mon cher, tu as été le jouet et la dupe de gens indélicats; puisse cette leçon te rendre plus sage à l'avenir.

—Mais, dis-moi, te doutes-tu en quel lieu ton épouse se dirige? ne comptes-tu faire sur elle aucune recherche? au moins, pour ratrapper une partie de ce qu'elle t'emporte.

— Hélas! j'ignore entièremen qu'elle route ce scélérat d'anglais lu a fait prendre sans doute celle de son pays brumeux, où ils vont, en se riant de moi, dépenser gaîment les cent cinquante mille francs que le jeu avait épargné de ma fortune et que je conservais dans ce secrétaire. Mais les indignes se sont bien gardés de les oublier; hier, j'étais allé passer ma soirée aux Italiens et pendant mon absence ils sont partis après avoir fait main basse sur mon argent, ayant soin de me laisser ce papier signé de ma tendre moitié qui m'engageait à ne point faire sur elle des recherches inutiles et qui me prévient qu'en rompant nos nœuds qu'elle reprend la somme qu'elle m'avait apportée en mariage. Ah! la chienne! oser m'écrire que cet argent fut sa dot! elle, que j'ai tirée de la servitude, de la misère; oh! si je la tenais!

— Calme tes transports inutiles, il n'est plus tems, mon cher, de montrer du caractère, il ne fallait point te laisser mener par une femme, qui avait débuté près de toi, par le rôle d'une intrigante; mais, mon ami, tes chagrins me faisaient négliger la démarche que je venais faire près de toi; tu n'ignores pas sans doute que Léontine doit avoir quitté la France. Est-il vrai qu'elle passe en Angleterre, qu'elle va s'y marier : je t'en conjure, mon ami, ne me cache rien, instruis-moi de tout ce que tu sais à ce sujet, car je n'ignore pas que tu fréquentais la maison de cette jeune imprudente, parle mon ami.

—Diable! diable! tu m'en demandes beaucoup plus que je n'en sais : ce que je puis te dire, c'est que ce pauvre diable de Williams paye ce moment de sa liberté, sa trop grande généro-sité pour cet autre démon femelle qui ne vaut pas mieux que celui dont j'ai fait emplète; ensuite, que c'est à ta Léontine aussi bien qu'à sa maudite société que je dois attribuer une grande partie de mes malheurs, car si j'avais tenue ma femme à la maison plutôt que de souffrir que chaque soir elle allât dans les salons de ta couturière enrichie, écouter les galanteries, les fleurettes, d'une foule de godelureaux que la maîtresse du lieu y attirait, les choses n'auraient pas tourné si malheureusement pour moi.

—Mais, si ce Williams est en prison comme tu le dis, qu'elle est donc celui qui emmène Léontine et qui doit l'épouser ?

— Je suis assez embarrassé de répondre à ta demande; cependant, si parmi la nombreuse multitude de dandys dont la jeune fille recevait les hommages, il en est un qui ait poussé ses offres jusqu'au don de sa main, cela ne peut-être que ce fou de Darby; la petite lui tournait la tête, il en était amoureux à en perdre la raison; diable, si cela est vrai, la fillette aura fait lestement son chemin; de grisette devenir milady.

— Duroseau, mon cher frère, je t'en supplie, aide-moi dans mes recherches; informe-toi si ce mylord est encore à Paris, ou bien s'il est parti seul, quel jour, et quel chemin il a pris.

— A quoi bon courir après eux,

s'il veut épouser Léontine, laisse-le faire cette folie, dont tout l'honneur et l'avantage tourneront au profit de la jeune femme.

— Crois-tu que s'il en était ainsi, et que j'en fusse persuadée, que j'y metterais obstacle, mais qui peut dire si cet homme n'est point encore un libertin, employant cette ruse pour s'assurer sa maîtresse; non, non, mon frère, je l'ai juré, je veux et dois arracher Léontine au vice qui l'entraîne ; je dois veiller sur elle, la ramener à la vertu, à son père qui la demande, lui pardonne et désire embrasser son enfant.

— Qui, le vieux prêtre ?

—Non, mon ami, mais bien M. Darmentier.

Alors Délia instruisit son frère de tout ce qui c'était passé depuis son absence de chez elle. Duroseau enchanté, se frotta les mains en apprenant que Gustave était pour ainsi dire deshérité par la découverte des deux jennes filles, et de ce qu'il se trouvait par là vengé des mauvais tours qu'il lui avait joué.

Délia après avoir congédié la valetaille insolente qui composait la maison de son frère et qui sablait si grandement les vins fins à son arrivée, après avoir remis auconcierge les clefs des appartemens, ramena Duroseau chez elle où comme l'enfant prodigue il rentra repentant et soumis.

Au retour du frère et de la sœur, il y avait réunion près de M.Bonnard, et la surprise de Délia fut grande d'y trouver M. Darmentier, madame Dermance et son fils, ce dernier se leva et vint au-devant de la dame.

— Que je suis ravie, lui dit Délia en lui prenant la main, de vous voir entièrement rétabli, mon cher Dermance : oh ! que vous nous avez fait du chagrin, causé des peines et d'inquiétudes, mais aujourd'hui, je suis si aise de vous voir si bonne mine que je vous pardonne tout. Mais dites-moi (ajouta Délia en s'adressant aux autres personnes,) quel heureux hasard vous a tous réunis chez moi en ce moment ?

— Hélas! Madame, reprend M. Darmentier, nos peines communes, le désir de nous consulter tous, a seul donné à chacun en particulier cette pensée consolatrice.

— Concevez-vous ce que M. Darmentier vient de nous apprendre Madame, dit Bonnard en s'adressant à Délia, M. Jules Darmentier, que monsieur son frère n'a point vu depuis quinze jours, est absent de chez lui depuis ce tems, sans que personne puisse savoir ce qu'il est devenu.

— En vérité? reprend Délia.

— Oui, Madame, dit M. Darmentier, et cela m'inquiète au dernier point; je sais mon frère si sage, si prudent, que je ne puis pas concevoir comment il peut s'être absenté sans en prévenir qui que ce soit, afin d'éviter l'inquiétude dans laquelle son absence me prolonge. Son fils et moi avons jusqu'ici fait de vaines recherches chez ses connaissances et dans les lieux qu'il fréquente ordinairement, personne l'a vu.

— Mais, Monsieur, dit madame Dermance, votre frère avait pour factotum un nommé Ignace Phliton, il pourrait peut-être vous donner des renseignemens, vous êtes-vous adressé à cet homme.

— J'ai voulu, Madame, mais lui-même a quitté Paris, et je présume que si mon frère est en voyage, que cet Ignace l'accompagne.

— Quelle cruelle fatalité, s'écrie monsieur Bonnard, se fait un jeu d'éloigner de nous, tous les gens qui nous sont chers.

— Le souvenir de cet Ignace me fait regretter son absence, dit Dermance dont le visage s'est chargé d'une teinte de tristesse en entendant parler de Jules Darmentier et de Phliton, mes souffrances m'avaient fait presque oublier cet homme qui ne fut point étranger dans les chagrins qui me les causèrent.

— Que voulez-vous dire ? Dermance demande Délia.

— Ah ! pardon, Madame, mais je ne puis vous expliquer ce mystère, sans renouveler mes maux et cependant je ne puis m'empêcher de penser que cet Ignace pourrait peut-être n'être point étranger à l'enlèvement demon Annette, je puisme tromper; mais je donnerais tout au monde pour entretenir cet homme un instant.

— Vous m'intriguez, M. Dermance, s'écrie M. Darmentier, hélas! pensez qu'Annette ne m'est pas moins chère qu'à vous, quelle est ma fille et que tout ce qu'il peut faire naître l'espoir de la découvrir m'intéresse au-delà de toute chose: de grâce, arlez , dites-nous quels sont les doutes qui vous assiègent en ce moment?

— Vous le voulez, Monsieur, mais d'avance, pardonnez à mes paroles, je vais attaquer un frère que vous aimez, et dont l'absence vous afflige en ce moment, je vais sur lui placer des soupçons désavantageux; mais que sa conduite envers moi légitime en ce moment.

En écoutant ces derniers mots, M. Darmentier ne peut s'empêcher de pâlir et de fixer Dermance avec étonnement.

— Pardon, ma bonne mère, continua le jeune homme en se tournant vers madame Dermance, pardon, si je vais parler encore de l'erreur qui te fis t'opposer à mon amour; maintenant, ce n'est plus qu'un souvenir, mais non un reproche que je veux t'adresser, puisque ton vœu le plus ardent serait en ce moment de duner à mon Annette le doux nom de fille.

Dermance après ses paroles, raconta les cruelles menées de Jules Darmentier envers Annette, l'acharnement qu'il avait mis à la persécuter afin de la faire renoncer à lui et la forcer de s'éloigner des lieux que lui, Dermance, habitait; ensuite, du projet dont Phliton lui avait fait part, lorsque Jules Darmentier voulait faire enlever Annette et l'enfermer dans un couvent.

— Mais alors, dit M. Darmentier en interompant Dermance avec vivacité, d'après ce que je sais, mon frère n'agissait en ce moment que dans l'intérêt et d'après l'avis de Madame votre mère, et je ne vois pas après le consentement que Madame donna à votre union, pourquoi Jules aurait continué à vouloir éloigner Annette, lorsque ce parti devenait inutile.

— Cela est vrai, Monsieur, mais plus tard Annette était votre fille et le fils de votre frère cessait d'être l'héritier de vos biens, aussi le même jour de cette découverte, Annette disparut ainsi que votre frère et son digne acolyte.

— Ah! Monsieur, s'écrie aussitôt M. Darmentier en portant la main à son front, de quel horrible doute venez-vous de frapper mon esprit !!!

VIII.

******

— Maudit soit la chance infernale! il y quatre jours, vingt-sept mille francs partis d'un coup; le lendemain dix-huit mille; hier, le bonheur me sourit, je me remonte de quinze;

ce soir, j'engloutis la presque totalité de ma fortune. Maudit jeu, que cent mille diables confonde l'instant qui me fit mettre les pieds dans un pareil tripot; je crois en vérité que ces fripons s'entendent ensemble, voyons ce qu'il me reste ..... trois... six.... sept.. sept mille deux cent vingt francs.. voilà donc tout ce que je possède encore. Oh! oh! il est grand tems que la petite se décide afin d'écrire au papa beau-père pour qu'il envoie des fonds, je dois à cet hôtel depuis un mois que j'occupe cet appartement. A Londres, il fait cher à vivre et le mémoire doit être lourd. Ah! si j'eusse pensé que le fruit de mon vol ne me fut pas d'un plus grand secours, je serais encore le serviteur de mes bénins congréganistes. Où diable aussi ce misérable cafard a-t-il voulu m'assommer, il existerait encore; je ne voulais point sa vie, mais de l'or... de l'or, oui, et j'avais le droit, la certitude qu'il m'en aurait donné, et beaucoup. Imprudent! je me suis fermé pour toujours l'entrée de mon pays; chez moi, ce cadavre se découvrira, et l'échafaud.... l'échafaud! oh! non, entre lui et moi, j'ai placé la mer; qu'ai-je à craindre? rien, absolument rien, que le dieu des aventuriers me soit propice, que la jeune fille devienne de suite mon épouse, et a fortune de son père sera mon héritage.

Après cette longue série de pensées, Ignace Phliton quitta la table sur laquelle il venait de compter son argent; puis, jetant un coup-d'œil sur la pendule qui marquait minuit passé il s'empara d'un flambeau, traversa plusieurs pièces de l'appartement et arriva à une d'elles dont il ouvrit la porte qu'il renferma aussitôt sur lui.

— Quoi! vous n'êtes point encore couchée et toujours en pleurs.

A ces mots, sortis de la bouche de Phliton, la pauvre Annette leva la tête qu'elle tenait appuyée sur ses deux mains et fit voir à son interrogateur, un visage pâle et sillonné de larmes, et sans faire aucune réponse elle tourna ses regards d'un autre côté.

— Vous obstinerez-vous sans cesse à garder le silence, et ne vous habituerez-vous jamais à votre nouvelle position ; pourquoi cette éternelle rancune envers moi? si je vous ai ravi à votre amant aimé, duquel la famille vous repoussait, ici je vous offre en revanche un époux; vous êtes déjà ma femme par le droit de nature, soyez-la donc devant Dieu et devant les hommes; cet acte légitimera ce que vous appelez mon crime et ce que je regarde moi comme une conquête, je vous ai séduite ou violée comme vous le voudrez, aujourd'hui j'offre de réparer votre honneur que j'ai respecté depuis ce jour, ne refusez donc pas et plutôt de vous consommer en pleurs et en regrets, marions-nous, cet honneur auquel vous tenez tant vous en fait un devoir, et votre intérêt l'exige, d'ailleurs en ce pays vous n'avez que moi pour soutien; vous y passez pour ma femme depuis notre séjour; vous n'y avez de moyens d'existence que par moi ; tout retour en France nous est interdit par des motifs que je ne puis vous faire connaître ; ainsi donc, perdez tout espoir de m'échapper. Répondez, voulez vous être ma femme ?

Les sanglots, l'effroi empêchent la jeune fille de prononcer une seule parole, Ignace contient son impatience, et attend en parcourant la chambre de long en large, qu'Annette lui annonce sa résolution; enfin, après quelques momens écoulés, Phliton voyant qu'il n'obtient aucune parole, réitère sa demande d'un ton dur et brusque. Annette a frémi, elle se lève, tombe à ses pieds, et élevant vers lui ses mains suppliantes, le conjure de renoncer à l'épouser et de lui permettre de retourner en France, où un couvent deviendra son asyle.

— Un couvent! sécrie Phliton avec ironie, un couvent! tu me hais donc bien pour préférer un pareil séjour à moi; un couvent! le repaire de l'hypocrisie, de la paresse; où le vice est mille fois plus dangereux en ce qu'il se couvre du voile de l'hypocrisie, et c'est là, parmi des femmes ambitieuses, intrigantes, que tu crois vivre en paix et racheter ton déshonneur; souhaite plutôt l'enfer que de courber la tête sous la domination des béguines... écoute, Annette, demain tu seras ma femme, ou je comble ton déshonneur, choisi.

— Grâce ! grâce ! donnez-moi plutôt la mort?

— La mort, oui, si tu ne consens à mes volontés, tu l'auras, si tu m'éxaspères, mais plus tard, après que je me serai rassasié de ta possession. Annette pousse un cri déchirant, se traîne aux genoux d'Ignace, implore sa pitié, le supplie de ne point la rendre à ses propres yeux un sujet d'horreur; un rire affreux est la seule réponse qu'obtient son désespoir, il la fixe, la saisit à bras le corps et l'entraîne vers le lit, en étouffant ses cris, Annette se débat, ses forces se triplent, elle échappe, court vers la croisée et ne pouvant l'ouvrir, brise une vître d'un coup de main, appelle du secours. Ignace la resaisit, l'entraîne de nouveau et n'obtient son silence qu'en lui plaçant la pointe d'un poignard sur le sein, ce bruit, ces cris ont donné l'éveil ; les gens de l'hôtel sont montés et frappent à la porte. Ignace entend les coups, il fixe la jeune fille dont l'aspect du fer a glacé les sens.

—Vois, lui dit-il, si tu pousses un cri, songe qu'en ce moment tu es impure aux yeux de Dieu, et bien je te tues et tu meurs sans confession.

IX.

******

Si vous aimez les tems brumeux, les papiers menteurs, la politique babillarde, le duel des crocheteurs, des cimetières au théâtre, la bière pour le bourgogne, les pommes-deterre et la viandre crue, allez en Angleterre : surtout ayez soin d'avoir vos poches pleines de guinées, car sans ce dernier argument, il vous serait de toute impossibilité de faire vingt pas dans le pays. Voulez-vous voir un monument, il faut payer; les musées, il faut payer ; la tour de Londres, les jardins, encore payer; demander votre chemin, l'heure qu'il peut être, le moindre des services, toujours et toujours payer beaucoup à la fois. O ! France ! pays des arts et de la bravoure, avec tes politiques malins et spirituels, ta jeunesse aimable et studieuse, tes femmes si gaies, si jolies, vrais lutins femelles, ta généreuse et franche hospitalité , tes vins délicieux, que tu es divine et préférable. Ainsi parlait un gros Monsieur dont la mise et la tournure dénotait un habitant des bords de la Seine, en revenant de visiter et de parcourir les divers quartiers de la ville de Londres. — Rentrant dans l'hôtel qu'il habite, ce personnage rencontre sur son passage le maître de l'hôtel, lui adresse de vifs reproches sur les différens mets qu'il lui a fait servir à son dîner et lui offre de le guider dans la confection de divers ragoûts à la française, se flattant de connaître à fond l'art dans lequel Cadmus, aïeul de Bacchus, s'est illustré.

— Eh! bien, mon frère, avez-vous découvert quelque chose; m'apportez-vous de bonnes nouvelles?

— Oui, ma chère Délia, je te dirai que demain le Roi d'Angleterre se rend au parlement en grand cortège et que si tu veux le voir, il ne tiendra qu'à toi; j'ai découvert un homme lequel, moyennant cinq guinées, nous fera placer dans une des tribunes de..

— Vous êtes fou, mon ami, en vérité, sommes-nous venus ici Dermance et nous pour courir après le Roi ou son cortège, et lorsque mille choses importantes réclament notre tems; plutôt que de vous occuper, vous courez après des plaisirs, ainsi donc vous n'avez pris aucune informations sur lord Darby, sur Léontine; voilà cependant un mois que nous sommes à Londres et n'en sommes pas plus avancés que le premier jour.

— Allons, ne te fâches donc pas, si tu m'avais écouté jusqu'au bout, tu aurais vu que ma proposition n'était pas entièrement tournée tout au profit de mon plaisir; mais bien dans l'intérêt de nos recherches.

— Voyons, explique-toi?

Depuis que nous habitons Londres, nous n'avons cessé de demander ce lors Darby à tout le monde, et personne, grand comme petit, ne connaît de lord de ce nom, et moi-même n'ai trouvé de personne qui le porte, qu'un pâtissier de la Cité, un matelot et un tavernier, lesquels certainement ne s'appellent que Darby tout court, et ne sont pas celui que je connais. Jai donc pensé qu'un grand seigneur de ce nom, devrait être connu s'il existait en ce pays, et que ne le trouvant pas, c'est qu'il n'existe pas et que ce lord amoureux de notre petite aura caché en France son véritable nom sous celui de Darby; je me suis rappellé que Williams, la première fois qu'il nous l'amena, nous le présenta comme un membre du parlement d'Angleterre et un haut et puissant seigneur. Or donc, ma chère, si ces titres sont plus réels que son nom, en nous rendant au parlement je reconnaîtrai sans doute dans les lords qui le composent le personnage qui t'importe tant de trouver; eh bien! qu'en penses-tu?

Délia approuva l'idée de son frère et il fut convenu que le lendemain ils se rendraient au parlement, ils furent interrompus par la rentrée de

Dermance, auquel Délia fit la même demande qu'à son frère.

— Les renseignemens que j'ai reçu à Paris, ainsi qu'à Calais, semblent se réaliser, répond Dermance à Délia, ce Phliton est pour sûr en Angleterre, une jeune femme, qui ne peut-être qu'n n elle, l'accompagne et passe pour son épouse, malheur à lui! si je le retrouve, il payera le service que son digne patron a exigé de lui; l'infâme! oser me ravir celle que j'aime, l'arracher avec violence du sein de sa famille, le misérable!

Délia interrompit Dermance pour lui demander s'il pensait que Jules Darmentier fut aussi en Angleterre, chose qui paraissait assez présumable, puisqu'on ne savait à quoi attribuer son absence de Paris. Dermance lui répondit qe'il le présumait quoiqu'on ne lui ai rien dit qui puisse le lui prouver, mais qu'il allait redoubler ses recherches et qu'il ne négligerait rien au monde pour le découvrir.

Le lendemain de ces conversations, tems superbe à Londres, ce jour là, pour un jour de janvier, et que le brouillard empêcha les allants et venants de se voir dans les rues à dix pas l'un de l'autre ; n'importe, l'habitude est une seconde nature, cela n'empêchait pas qu'une population immense encombrait les rues, les places et saluait le passage de leur souverain par des pierres lancées sur sa voiture, des cris et des sifflets.

Le palais où se rend le souverain, ainsi que sa noblesse, est entouré des flots tumultueux, d'une populace clapissante, insultant à son passage chaque personne dont elle craint l'opinion ou le vote. Parmi cette masse remuante, se faufile à grande peine Duroseau et sa sœur, et ce n'est qu'après mille peines qu'ils parviennent tous deux à percer cet épais colosse dont les ondulations les entraînent et les ramènent malgré eux d'une place à l'autre.

La peine n'est rien lorqu'elle est couronnée par la réussite, aussi, Duroseau et Délia, récompensés de leurs efforts occupaient-ils les premières places d'une tribune publique de la chambre du parlement.

Les lords arrivaient en grand nombre ; chacun deux à son entrée était toisé, examiné par Duroseau, et aucun deux ne ressemblait à lord Darby.

Le Roi !

Aussitôt à l'entrée du monarque l'assemblée se lève, une nombreuse suite accompagne sa majesté britannique. Le voilà ! le voilà ! s'écrie Duroseau hors de lui en indiquant à Délia un seigneur avec lequel s'entretient dans le moment, le roi d'Angleterre; les personnes qui occupent la même tribune que Délia aux cris que vientde pousser Duroseau, se mettent à sourire, et à le contempler, en lui demandant le sujet de sa surprise.

— Parbleu, répond Duroseau, c'est un ami que je retrouve, et en assez bonne société encore, voyez, celui auquel parle sa majesté, lord Darby.

Lord Darby, répond un gros anglais, moi, pas connaître ; ce gentleman pas être lord Darby, lui être mylord Milfort, ami intime de sa majesté.

—Mylord Milfort, reprend Duroseau, c'est cela même, je me trompais de nom ; et, habite-t-il Londres?

— Yes, yes, dans le quatier Hyde-Parc, lui avoir son hôtel.

Trois heure d'attente et d'ennui et la séance est terminée, le monde sécoule, les chemins deviennent libres, la nuit tombe, il se fait tard, n'importe. Cocher, Hyde Parc, hôtel de mylord Milfort; la voiture roule, arrive, et Duroseau ainsi que Délia attendent dans un salon qu'un valet revienne de les annoncer et les introduise auprès du seigneur anglais.

On les conduit enfin: Mylord Milfort les reçoit dans son cabinet, un sourire de surprise se peint sur ses lèvres en reconnaissant Duroseau il reçoit le frère et la sœur avec affabilité.

— Je ne demanderai pas ce qui vous amène près de moi, je l'ai deviné de suite; madame, est votre sœur, et vient réclamer une jeune fugitive qu'elle combla de ses bienfaits, je sais tout, Léontine m'a instruit de ce qu'elle vous devait, soyez donc la bien venue, Madame.

—Oui, mylord, je viens m'informer à vous si cette jeune imprudente est encore digne d'être pardonnée, et s'il est vrai que la promesse que vous fîtes de lui donner votre nom est effectuée.

—Pas encore, Madame; mais calmez cette douleur qui dans ce moment se peint sur votre visage; non, Léontine n'est point encore mon épouse ; des affaires importantes m'ont jusqu'ici forcé de retarder ce moment désiré de mon cœur, mais je tiendrai ma promesse et la renouvelle devant vous.

— Mais, mylord, que fait-elle ? où est-elle en attendant ce moment ?

—Près de vous, Madame, et bientôt dans vos bras, car j'ai donné l'ordre qu'on la fasse venir.

Au même moment la porte s'ouvre avec vitesse, ee Léontine vient tomber aux genoux de Délia.

Des reproches de la part de la bienfaitrice ; des regrets, des pleurs, des sermens de sagesse à l'avenir, de la part de la jeune fille ; puis des larmes de deux côtés; puis, un pardon.

X.

******

Un salon enfumé, mal éclairé, des tables à tapis vert, couvertes d'or, d'argent, de cartes. Autour, des hommes, des femmes, des figures sur lesqu'elles se peignent la crainte, l'espoir, l'impatience, la cupidité : sur d'autres, la bassesse et le crime, enfin la société d'un tripot.

Ignace est là, il joue, et verse l'or à poignée. Il perd, se frappe le front avec rage. Qui donc lui gagne ses guinées ? c'est une femme; en ramassant son gain, elle sourit, à qui? à l'homme qui placé derrière le siége d'Ignace indique par des signes convenus la valeur et le genre des cartes, que le ci-devant secrétaire de la sainte-congrégation tient à chaque partie dans ses mains. Ignace est ruiné, il ne lui reste plus qu'une seule pièce d'or : Dieu veuille qu'elle lui porte bonheur, car il vient de la jeter sur le tapis, par hasard ses yeux se portent sur une glace placée devant lui. Que voit-il ? l'homme placé derrière lui, indiquant du geste le moyen de lui ravir sa dernière espérance et sa dernière guinée, furieux il se lève saisit l'homme au collet, le traite d'escroc, et dévoile hautement son manège; silence, lui crie-t-on de toutes parts, le jeu est clandestin, le moindre bruit peut attirer les constables et ruiner la partie; que m'importe s'écrie Ignace; je suis volé, j'exige qu'on me rende mon or, ou je ne réponds de rien.

On l'entoure, on le menace, il continue ses cris, mille coups tombent à la fois sur lui, il se débat, le vacarme devient affreux, l'homme accusé par lui, plus acharné que les autres cherche à l'entraîner hors du tripôt, Phliton désespéré et près de succomber, tire un poignard de sa poche et en frappe son ennemi avec

acharnement : ce dernier roule sur le carreau, son sang jaillit de toutes parts, une femme s'en aperçoit, pousse un cri, et court vers lui.

— Ah! secourez Wilson, dit-elle, il vient de l'assassiner. Caroline, car c'était-elle, se jette à corps perdu sur celui de son amant, veut arrêter son sang qui s'échappe à gros bouillons. Pendant ce tems, Phliton brandissait son arme, tenant en respect ceux qui, armés de bâtons et de chaises, cherchaient à l'assommer. Mais un bruit affreux se fait entendre dans la rue, l'on enfonce la porte, l'on s'informe : c'est la justice, ayant un constable à sa tête, qui s'introduit dans la maison. Aussitôt, le combat cesse, chacun fuit de son côté; les uns par les fenêtres du derrière, les

autres par les toits, et vont tour à tour tomber entre les mains des gens de justice qui cernent la maison. Le constable entre dans le lieu du combat: il voit un cadavre, du sang, une femme éplorée, un homme immobile, un poignard en main qu'il cache aussitôt à son approche: d'autres personnages, se cachent dans les coins obscurs de la salle. Main basse, main basse sur tous, s'écrie le constable. Aussitôt, dës soldats, des cris, des juremens, des cordes, puis après la sortie du lieu d'une longue suite de gens garottés que la populace insulte, agonie de mots grossiers et inonde de pierres et de boue.

Le trajet du tripot à la prison est long; il faut traverser vingt rues obscures, le cortège arrive à sa destina-

tion, mais il manque un des personnages qui le compose : c'est l'homme au poignard, où est-il? on le cherche... peine inutile, il a fui dans le trajet.

XI.

Minuit et sans asyle, accablée de douleurs, de craintes, presque mourante de faim, elle erre de rue en rue, se soutenant à peine, étrangère au pays, à la langue, ne pouvant exprimer ses besoins, sa position, son innocence, et repoussé avec dégoût de ceux qui la trouve sur leur passage: elle pleure, gémit, demande la mort et ose la concevoir. Oui, la Tamise est proche, ses eaux ont profondes, elle les voit couler sous ses pieds. — Adieu, nature, adieu, amis, pays natal, France belle et chérie, et vous, ô! mon Dieu! pardonnez à la pauvre Annette, ne repoussez pas de votre présence son âme pure et dégagée d'un corps souillé par le déshonneur; reine des cieux, obtenez du Tout-Puissant le pardon d'un suicide, que demande l'honneur et le désespoir.

— Annette prosternée sur la

terre continue sa prière à voix basse entièrement absorbée dans ses pieuses demandes, son oreille n'est frappé d'aucun bruit. Cependant, non loin d'elle, s'avance en silence les gardes-de-nuit, bientôt ils l'aperçoive, l'entoure, la saisisse, Annette troublée dans son extâse dans ses méditations, frémit en sentant une main s'emparer d'elle et la relève brusquement.

— Ciel! qu'exigez-vous de moi, laissez-moi, je ne suis point un être malfaisant, pourquoi m'entraîner avec vous; de grâce, laissez-moi; ah! vous ne me comprenez point et riez de mes larmes et de mon désespoir, grâce! grâce!!

C'est en vain qu'elle supplie, qu'elle

implore, on l'entraîne malgré elle, comme une vile prostituée ramassée dans les rues et bientôt va se fermer sur elle les portes du séjour qui renferme le crime la honte et le rebut de la société, hélas! qui donc la sortira de ce gouffre? qui donc la réclamera, elle est étrangère au pa ys à tout le monde, pas un ami qui puisse la défendre, ses sanglots redoublent, ses forces l'abandonnent, elle tombe sans connaissance, les watchemans s'arrête, la secouent brusquement, voulant la forcer de se relever', n'ajoutant aucune foi à sa position, c'est en vain qu'ils jurent et voudraient continuer leur marche, ils la mettent sur pieds, mais c'est un corps inanimé, sans soutien, sans force, qui s'échappe et retombe pésamment. Le peu de passagers qui circulent encore à cette heure, s'arrêtent, se groupe autour d'elle, et s'informent.

— C'est une fille, une prostituée que l'on vient d'arrêter sur le pont, sans doute faisant son honteux commerce; telle est la réponse que reçoit chaque demandeur.

Mais un d'eux perce le groupe, c'est un jeune homme. Ses yeux en passant se sont fixés sur le visage de la jeune fille dont une lanterne voisine éclairait la pâleur et la souffrance, ses traits l'ont fait tressaillir malgré lui.

— Non, ce n'est point elle, c'est une illusion, je m'abuse: tout en prononçant ces mots, il s'est approché nu genoux à terre, il vient de soulerir la tête de l'infortunée fille.

— C'est elle! est-il possible, Annette! Annette, s'écrie-t-il hors de lui, et dans quelle horrible position! Annette, entends-moi, c'est Dermance, ton amant, ton époux, Annette réponds-moi. Messieurs, dit-il en parlant anglais aux watchemans, elle se meurt, portons-lui les plus prompts secours, je connais cette jeune fille, je réponds d'elle, cela ne peut être que par erreur qu'elle se trouve entre vos mains, c'est l'innocence, la vertu même; mais hâtez-vous, voici de l'or et vingt fois plus si vous me secondez à la rappeler à la vie. Comme nous l'avons dis, avec de l'or, en Angleterre, tout plie, tout s'opère, tout abonde, aussi Annette en ce moment, n'est plus une vagabonde, une vile et dégoûtante fille publique, c'est une personne honnête, égarée dans la ville, venant d'être reconnue par un homme puissant, un homme qui paye, qui possède de l'or.

De l'or! coup de baguette, effet magique, qui vient de transformer, le crime en vertu, le dur et sale pavé, où gissait Annette, en lit moëlleux, et par suite, l'image de la mort, en retour à la vie, car Annette renaît, les roses recommencent à remplacer les lys qui couvraient, il n'y a qu'un instant, son charmant visage.

Une femme est près d'elle, épie ses mouvemens, lui prodigue ses soins. Dermance s'est éloigné et attend dans une pièce voisine qu'Annette ait entièrement reprit ses sens; il a craint l'émotion que sa vue lui causerait en se présentant trop vivement à elle, mais a eu soin d'envoyer de suite prévenir Délia, elle va venir, et l'attend avec la plus vive impatience.

Annette ouvre les yeux, les porte avec étonnement autour d'elle, et crois rêver en se trouvant dans une chambre inconnue. Le malheur lui cause de la défiance... où est-elle? serait-ce encore chez des ennemis, des méchans, elle n'est point entièrement déshabillée et n'est privée que des vêtemens souillé par la boue, aussi se jette-t-elle avec vitesse hors du lit sur lequel on l'a déposée, parcourt la chambre qu'une lampe et le crépuscule éclairent faiblement, la porte s'ouvre: Annette frémit et court se cacher derrière les rideaux du lit; mais une voix douce et française vient frapper son oreille et l'invite à se rassurer, Annette ose regarder: c'est une femme; mais une femme inconnue qui lui parle et s'approche vers elle le sourire sur les lèvres, la jeune fille tombe à s[illegible]x, lève les yeux vers elle; ses [illegible] suppliantes implore sa protection, sa pitié.

— Relevez-vous, Mademoiselle, vous n'avez plus rien à redouter; relevez-vous, car je ne suis qu'une femme placée près de vous, pour vous donner mes soins. Calmez vos craintes, vos amis dans un instant seront près de vous,

— Des amis, hélas ! Madame, je n'en connais point en ce pays, les malheureux en ont-ils jamais?

— Apparemment, Mademoiselle, puisque c'est l'un des vôtres qui, vous reconnaissant cette nuit, vous a fait transporter dans cette demeure et m'a placée près de vous.

— Ah ! s'écrie Annette [illegible] it mon horrible bourreau, cet odieux Ignace, hélas ! il fallait mille fois mieux me laisser mourir. Dites, Madame, dites, quel est cet homme duquel vous me parlez? comment est-il?

— Mais fort bien, jeune, joli garçon, et surtout très généreux.

— Son nom ! son nom ! le savez-vous ?

— Non, reprend la garde, mais prenez un peu de patience; une dame va se rendre ici et vous l'apprendra.

— Une dame ?....

— Oui, et même j'entends monter, c'est sans doute elle qui s'avance.

Deux secondes après, Annette poussait un cri de surprise et de joie en tombant dans les bras de Délia.

Après le bonheur de se rejoindre, les caresses, les consolations, arrive le chapitre des demandes, des questions, ensuite le nom du sauveur.

— C'est Dermance.

— Dermance, s'écrie Annette, ô mon Dieu! que de bonheur à la fois, où est-il?

— Le voici.

Et Dermance entre avec vitesse et va tomber aux pieds de la jeune fille.

Encore de la surprise, de la joie, des larmes d'attendrissement, puis le récit de l'heureux et inattendu hasard qui les réunit tous en ce moment hors de leur patrie : Annette explique comment elle s'est trouvée cette nuit sans asyle, et raconte qu'enfermée sans nourriture depuis deux jours qu'Ignace était absent, que la faim l'ayant forcée d'appeler et d'implorer du secours, que l'hôte avait fait ouvrir les portes et qu'après lui avoir demandé le payement de ce qui lui était dû, avait, d'après sa réponse qu'elle se trouvait sans argent, exigé qu'elle sortit de suite de sa maison, mais non sans avoir l'humanité de lui donner un morceau de pain afin qu'elle put assouvir sa faim dévorante.

— Pauvre enfant, s'écrie Délia, infâme Phliton, que de maux tu nous as causés.

—Oublions tout, dit Dermance, et

retournons en France pour ne plus songer qu'au bonheur et serrer le nœud qui doit m'unir à mon Annette.

— Nous unir, dit Annette avec tristesse en interrompant Dermance, non, non, ce bonheur ne m'est plus permis, il faut y renoncer à jamais, plus d'union, plus d'amour.

— Y renoncer, s'écrie Dermance, Annette, ai-je cessé de t'être cher !

—Oh ! non, mon ami, mais hélas vous ne connaissez pas tout l'étendu de mon malheur. Non, Dermance, je ne suis plus digne d'être votre épouse, je dois renoncer au mariage, au monde entier.

— Annette, que dis-tu, reprend

Délia, qui peut donc te contraindre à renoncer au bonheur, à celui que tu aimes et dont tu es chérie?

— Ah! ne m'interrogez pas, de grâce, je suis trop malheureuse! La pauvre Annettte en prononçant ces derniers mots cacha dans ses deux mains la rougeur et les larmes qui couvraient son visage.

Les deux fugitives retrouvées, rien n'empêchait plus nos amis de cingler vers la France, car un mois s'était encore écoulé depuis le dernier événement par le retard qu'avait occasionné le mariage de Léontine avec lord Milfort ; la jeune fille n'osant se présenter devant son père, sans qu'un titre honorable et légitime n'ait réparé, ou du moins paillé sa conduite passée, avait tout employé afin de décider son amant à tenir sa promesse en l'épousant aussitôt. L'anglais, malgré son amour pour elle, hésitait encore et éludait sans cesse : mais Délia dont le bonheur et l'avenir de la jeune fille était l'unique vœu, se joignit à elle pour presser Milfort et leva les derniers scrupules de ce dernier en lui citant le rang et la fortune du père de Léontine ; lord Milfort se rendit, et finit par épouser sa maîtresse dont le mariage se fit sans éclat et sans bruit dans un château de son mari, situé à quelques milles de Londres, et répara par cette union l'honneur de sa chaste moitié Lord Milford voulant accompagner en France son épouse que le devoir appelait près de son père malade, consentit à entreprendre le voyage avec nos amis. Heureux Anglais! il n'y a vraiment que vous d'assez sage pour écarter aussi bénévolement, les sots préjugés; plus d'une de nos charmantes nymphes de notre Opéra sont là pour en affirmer la preuve.

Ils arrivèrent tous au port et attendaient le moment de l'embarcation. En ce moment, Duroseau n'avait qu'un regret en quittant le sol de la grande Bretagne, celui de n'avoir pu découvrir sa perfide moitié que Léontine lui avait assuré y être; il se promenait de long en large sur le port, lorsqu'une foule de monde rassemblé attira son attention. Il s'informa et apprit que ce qui causait ce rassemblement était un nombre d'individus des deux sexes condamnés à être déportés à Botany-Bay et que l'on allait embarquer à l'instant même ; curieux de voir ces personnages, Duroseau fend la foule et bientôt posté au premier rang il regardait avec peine le dénuement, les larmes de ces malheureux, lorsqu'une des femmes de la bande en l'apercevant pousse un cri et tombe évanouie ; Duroseau la fixe et reconnaît dans elle, qui? Caroline, son infidèle épouse, de laquelle les mœurs et les gentillesses avaient encourus la peine de la déportation. Duroseau à la vue de cette infortunée ne ressent plus de haine, ce sentiment chez lui fait place en ce moment à la plus douloureuse pitié, il s'approche, jette sur la malheureuse une bourse remplie d'or et s'éloigne aussitôt, le cœur navé de douleur.

Quelques jours plus tard, un père serrait dans ses bras pour la première fois deux filles chéries dont les traits enchanteurs lui rappelaient ceux d'une épouse adorée.

Au moment de cette réunion, Gustave depuis un mois ainsi que son épouse avait quitté la France et courait vers la Russie en qualité de secrétaire d'ambassade, ayant abandonné les armes pour la diplomatie. Edmond, toujours amant et époux de sa Florentine, coulaient des jours de bonheur au sein d'un heureux ménage et de la fortune.

Le vieux prêtre, toujours sensible et bon avait revu ses chères fille et le bonheur était rentré dans son cœur comme le pardon et l'oubli du passé en était sortit en pressant Léontine ur son sein.

Délia, sœur aussi indulgente que généreuse, partageait sa fortune avec son frère et ne réclamait en échange de sa bonté envers lui, que sa confiance entière et son amitié.

Tout le monde alors était donc heureux ? hélas! non, Annette pleurait, la vie pour elle devenait un pénible fardeau, elle cachait son secret, s'éloignait d'un amant que son silence et ses refus mettaient au désespoir. Dermance, aux genoux de monsieur Darmentier, implorait la protection d'un père contre les rigueurs de sa fille.

A force de prières, de supplications Délia obtint le secret de la jeune fille, ce secret terrible qui minait son âme, et fut chargé par elle d'en instruire son père, d'obtenir de lui la permission d'ensevelir sa honte et son déshonneur dans un couvent.

Monsieur Darmentier, en apprenant le malheur de son enfant, confia à Dermance la funeste cause du changement d'Annette à son égard ; le jeune homme, quoique douloureusement affecté du fatal secret, ne vit toujours dans Annette que la vertu outragée, mais non déshonorée, supplia Monsieur Darmentier de l'aider à faire surmonter à sa maîtresse le cruel préjugé qui l'éloignait de lui.

Enfin, après mille peines, mille sermens d'amour, Dermance vainquit les scrupules de sa jeune amie et reçut de sa bouche l'espoir d'être heureux ; toute la famille et les amis ce jour s'étaient rassemblés, tout alors, respirait parmi eux la joie et le bonheur, lorsqu'un bruit se fit entendre dans la chambre précédente celle dans laquelle ils sont réunis ; les portes s'ouvrent, un commissaire de police, ceint de son écharpe, paraît accompagné de plusieurs gendarmes. Ils entrent dans le salon.

— Annette Darmentier, prononce-t-il à haute voix.

—La voici, répond monsieur Darmentier en montrant sa fille, dont un tremblement subit vient de s'emparer, que lui voulez-vous ?

— L'arrêter au nom du Roi et de la justice.

Et un cri de surprise et d'indignation partit de toutes les bouches.

Mais quel est donc ce nouveau malheur? pourquoi cette arrestation d'une jeune fille aussi sage, aussi vertueuse que la pauvre Annette ?

Sachons-le.

Ignace Phliton, après le meurtre qu'il avait commis sur la personne de Vilson, étant parvenu à s'échapper des mains des constables, courut se réfugier dans un quartier isolé de la ville de Londres; et là, caché à tous les yeux, il laissa à la police le tems d'épuiser ses vaines recherches;

une poignée d'or de laquelle il s'était emparée sur la table du tripot lui facilita les moyens d'exister et de gagner ensuite un port de mer afin de sortir de l'Angleterre.

Ignace avait le dessein de passer en Italie aussitôt après son débarquement en France, où il se trouvait forcé de se rendre, ne trouvant point de vaisseau près de mettre à la voile pour un autre pays que celui qu'il voulait éviter.

Il s'embarque, il vogue vers la France, il arrive ; mais il n'a point de passe-port : on le questionne sur cette cause, il hésite dans ses réponses, se trouble; on le presse, il avoue son nom et son état, croyant ne rien avoir à redouter.

Mais depuis quelques tems on le cherchait, car le cadavre de sa première victime a été découvert dans les caves où il l'avait enfouit, les soupçons ont de suite tombé sur celui qui habitait la maison et que la fuite précipitée semble accuser, or donc, son signalement a été donné ainsi que l'ordre de l'arrêter en tous lieux où il se présenterait. Monsieur Darmentier au désespoir de la mort de son frère, presse, hâte les recherches de la justice.

Ignace a eu l'imprudence d'avouer son nom; c'est fait de lui, conduit à Paris, il est de suite écroué dans une maison d'arrêt pour y attendre l'instant de son jugement.

La justice informe, tout accuse

Phliton, il sent qu'il ne peut échapper au glaive des lois, mais le souvenir d'Annette vient dans sa prison se présenter à lui; ce souvenir excite ses transports, il voit en elle la cause de ses malheurs et pour comble de fureur elle lui échappe. Pour elle, pour sa fortune, il s'est placé sur les bords de l'éternité infernale, il mourra et Annette réunie à son amant, au sein de sa famille, dans l'ivresse et le bonheur, maudira son souvenir. Le bonheur de cette jeune fille est une insulte à son désespoir.

— Eh bien! dit-il avec l'accent de la fureur, que la perte où m'a entraîné le désir de sa fortune et de sa possession devienne aussi la sienne.

— Non, disait-il le lendemain de

cette résolution au juge qui l'interrogeait, non, je ne suis point seul coupable; l'amour, les horribles conseils d'une femme adorée, ont conduit mon bras, Annette Darmentier fut ma complice; ensemble, nous fîmes le crime, ensemble nous avons fuit.

A cette aveu, l'ordre est aussitôt donné d'arrêter Annette, et la jeune fille arrachée du sein de sa famille, de son amant, est plongée dans le séjour réservé au crime.

C'est en vain que les prières, les larmes d'un père, d'un amant, retentissent pour elle, tous leurs efforts sont inutiles, le tribunal jugera de son innocence, mais rien ne peut et ne doit arrêter le cours de la justice.

Alors tout ce qui aime l'infortunée hâte ce moment. Il arrive.

Annette, la pâleur de la souffrance peinte sur le visage, se soutenant à peine, vient s'asseoir comme une vile criminelle, sur les bancs d'une cour d'assise.

A sa vue, un murmure d'intérêt, de douleur, se fait entendre dans l'auditoire et les pleurs de ses amis coulent en abondance.

Mais quel est cet homme au visage sombre et livide qui se place près d'elle? à sa vue, un cri d'indignation a retenti de toutes parts. C'est Ignace Phliton.

Le silence se rétablit.

— Annette Darmentier, prononce le président en s'adressant à la jeune fille, reconnaissez-vous Ignace Phliton?

— Hélas! oui, s'écrie Annette, cet homme est mon bourreau, c'est lui, oui, lui, qui seul est l'auteur du malheur de ma vie.

— Il vous accuse, reprend le président, d'avoir agi par vos conseils, et de complicité avec vous dans l'assassinat du sieur Jules Darmentier.

— Ah! grand Dieu, répond Annette avec effroi, pourriez-vous le penser, j'ignorais même ce crime; je prends le ciel à témoin de mon innocence; moi, moi, avoir souillé mes mains d'un pareil attentat, d'un meurthe, ah ! l'idée seule me fait frémir. Hélas! que ne m'a-t-il aussi donné la mort, je la préférerais mille fois à l'horreur qui m'environne en ce moment.

— Ignace Phliton, demande le président, qu'avez-vous à répondre aux paroles de la fille Annette ?

— Que sans elle, sans son aide, mes mains seraient innocentes; je répète qu'elle m'a poussé à ce crime, qu'elle fut ma complice, et la preuve, c'est qu'ensuite, elle s'enfuit avec moi.

— Ah ! ne le croyez pas, s'écrie Annette en larmes en se levant avec impétuosité, c'est un horrible imposteur, le ciel est juste, il me vengera de ses calomnies... ô Dieu! je meurs... Hélas! puis-je résister à tant de maux...

En prononçant ces dernières paroles d'une voix mourante, l'infortunée tombe à la renverse, sa belle tête a frappé fortement sur le parquet. Mouvement d'effroi, cris d'horreur de l'auditoire.

— Gendarmes, s'écrie le président, relevez cette fille.

— Cette jeune fille est morte, répond le militaire après avoir rélevé la tête sanglante de la pauvre Annette.

Aussitôt un tumulte affreux éclata dans le tribunal; un jeune homme franchit les barrières et vient s'emparer du corps de la jeune fille; un vieillard le suivait; tous deux couvrent de larmes et de baisers cette tête inanimée, ce cadavre sans vie.

Quelques tems après cette funeste catastrophe, Ignace Phliton, sur la route de Brest, allait dans les bagnes pour le reste de sa vie, expier la punition que lui avaient mérité ses crimes.

Dermance, inconsolable de la perte de son Annette, renonça à l'hymen et conserva toute sa vie le regret et le souvenir de ses tristes amours.

Le vieux prêtre, malgré les soins filiales de Délia, ne survécut que très peu à sa chère Annette et descendit au tombeau en prononçant son nom.

M. Darmentier, dévoré de douleur, après avoir fait réhabiliter la mémoire de sa fille, quitta la France et fut vivre en Angleterre près de la trop heureuse Léontine de laquelle l'époux soumis, toujours amant, embellissait la vie.

FIN.

IMPRIMERIE DE A. BARBIER,
rue des Marais-Saint-Germain, n. 17.

www.ingramcontent.com/pod-product-compliance
Lightning Source LLC
LaVergne TN
LVHW020557230826
846091LV00002B/507